D1754548

Die Wilhelm-Busch-Bibliothek

Band 5

Wilhelm Busch

Bileam - Josaphat - Simson

aussaat

clv

1. Auflage 2006

© 2006 Aussaat Verlag
Verlagsgesellschaft des Erziehungsvereins mbH,
Neukirchen-Vluyn
Satz: CLV
Umschlag: H. Namislow
Druck und Bindung: GGP Media GmbH, Pößneck

Die Wilhelm-Busch-Bibliothek besteht aus 13 Bänden

ISBN-10: 3-7615-5487-7 (Aussaat)
ISBN-13: 978-3-7615-5487-6 (Aussaat)
ISBN-10: 3-89397-681-7 (CLV)
ISBN-13: 978-3-89397-681-2 (CLV)

INHALT

Warum dies Buch geschrieben wurde 10

BILEAM

1. Die Furcht eines Starken 14
4.Mose 22,1-4
2. Ein kluger und doch törichter Plan 18
4.Mose 22,5-7
3. Gerade noch gut gegangen 20
4.Mose 22,8-14
4. Die Dämme brechen 26
4.Mose 22,15-20
5. Merkwürdig, höchst merkwürdig 32
4.Mose 22,21-30
6. Geöffnete Augen 46
4.Mose 22,31
7. Ein erfolgloses Gespräch 49
4.Mose 22,32-35
8. Ein zweifelhafter Empfang 57
4.Mose 22,36-40
9. Alles verkehrt 62
4.Mose 22,41 bis 23,2
10. Jetzt kommt Gott zu Wort 65
4.Mose 23,2b.3-7a.8.10-13
11. Gottes Geduld mit Narren 73
4.Mose 23,14-17

12. Der starke Gott und sein Volk 76
4.Mose 23,18, 20 und 24a

13. Der betrogene Betrüger 81
4.Mose 23,25-30

14. Entdeckungen 84
4.Mose 24,1-5 und 8

15. Krach 90
4.Mose 24,10-14a

16. Jetzt ist von Jesus die Rede 92
4.Mose 24,14.15.17.23

17. Nichts gelernt 97
4.Mose 24,25

18. Wie geht das zu? 99
4.Mose 31,3-8

19. Der Rat Bileams 103
4.Mose 31,14-16

20. Die beständige Gefahr für die Gemeinde Jesu Christi 108

JOSAPHAT

1. Von Gott bestätigt 114
2.Chronik 17,1-5

2. Mutig in den Wegen des Herrn 120
2.Chronik 17,6-9

3. Ein gesegneter Mann 124
2.Chronik 17,10-13

4. »Rüstet euch, ihr Christenleute« 127
2.Chronik 14-19

5. Wohin steuerst du, Josaphat? 131
2.Chronik 18,1-3

6. Falsche und wahre Propheten 136
2.Chronik 18,4-11

7. Der Zeuge Gottes im Sturm 146
2.Chronik 18,12-17

8. Geist der Wahrheit - Geist der Lüge 154
2.Chronik 18,18-22

9. Die Schmach Christi 156
2.Chronik 18,23-26

10. Gott führt in das Gericht 161
2.Chronik 18,18-34

11. Seltsamer Empfang 167
2.Chronik 19,1-4a

12. Friedenswerke 173
2.Chronik 19,4b-7

13. Geistliche Ordnung 177
2.Chronik 19,8-11

14. Große Not 182
2.Chronik 20,1-4

15. Ein königliches Gebet 188
2.Chronik 20,5-12

16. Wer führt den Kampf
des Volkes Gottes? 195
2.Chronik 20,13-19

17. Auszug aus dem Kampf 203
2.Chronik 20,20-21

18. Sieg und Beute 208
2.Chronik 20,22-30
19. Ein verfehltes Unternehmen 214
2.Chronik 20,35-37
20. Menschliche Schwachheit
und Gottes Treue 219
2.Könige 3,6-7

SIMSON

1. Manoah 226
Richter 13,1-2
2. Die unfruchtbare Frau 228
Richter 13,2b-7
3. Gott kommt zu Menschen 233
Richter 13,8-20
4. Todesschrecken 238
Richter 13,21-23
5. Simson tritt auf 240
Richter 13,24.25
6. Eine verzwickte Liebesgeschichte 243
Richter 14,1-4
7. Der Löwe 246
Richter 14,5-9
8. Eine wunderliche Hochzeit 252
Richter 14,10-19
9. Ein Feuer wird angezündet 257
Richter 14,20-15,8

10. Simson in Fesseln 262
Richter 15,8b-13
11. Kräftig geworden
aus der Schwachheit 266
Richter 15,14
12. Simsons Sieg 269
Richter 15,15-17
13. Gottes Schule 271
Richter 15,18-20
14. Ein dunkler Weg 275
Richter 16,1-3
15. Der Besiegte 279
Richter 16,4-21
16. Die Umkehr 287
Richter 16,22
17. Gottes Niederlage 289
Richter 16,23-25
18. Simson und sein Gott 290
Richter 16,26-28
19. Der letzte Sieg 294
Richter 16,29.30
20. Der Schrecken Gottes 299
Richter 16,31
21. Was wollen wir nun hierzu sagen 300

Warum dies Buch geschrieben wurde

Dreißig Jahre lang war ich Jugendpfarrer in Essen. Da hatte ich jeden Sonntag Hunderte von jungen Burschen im Alter von 14-20 Jahren vor mir, denen ich eine biblische Geschichte erzählen musste. Das war keine leichte Aufgabe. Denn viele kamen aus Familien, die dem Christentum ganz entfremdet waren. Und außerdem ist dies junge Volk durch Filme, Fernsehen und andre Sensationen verwöhnt und nur schwer zum Zuhören zu bringen.

Da habe ich gern biblische Lebensbilder vorgenommen. Und es war mir immer verwunderlich, wie aufmerksam diese jungen Menschen zuhörten. Es ging uns über dem Erzählen auf, dass diese Menschen der Bibel gar nicht sehr verschieden sind von dem so viel besprochenen »modernen Menschen«.

»Mein großer Landsmann Goethe« – wie ich zur Freude der Jungen gern zu sagen pflegte, denn ich bin wie Goethe in Frankfurt am Main aufgewachsen – hat schon Recht, wenn er einmal sagte: »Die Menschheit schreitet immer weiter fort, aber der Mensch bleibt immer derselbe.«

Ich habe dann solche Lebensbilder auch in der Erwachsenen-Bibelstunde, die von etwa 400

Leuten besucht war, besprochen. Die Zuhörer waren Kaufleute, Menschen aus der Industrie, Rechtsanwälte, Hausfrauen und Arbeiter, kurz, allerlei Leute aus einer Großstadt. Auch sie erlebten es, dass die Menschen der Bibel uns im Grunde sehr nahestehen. Daher der Titel: »Männer der Bibel – unsere Zeitgenossen.«

An wen ist dies Büchlein gerichtet?

Zunächst an Menschen, die anfangen wollen, die Bibel zu lesen. Diese Lebensbilder sollen ein Einstiegschacht sein in die Bibel.
Ferner denke ich an reife Bibelleser, die nicht dazu kommen, dicke Kommentare zu lesen. Die werden vielleicht dankbar sein, wenn sie hier auf leicht übersehene Seitenwege der Bibel geführt werden, auf denen wir herrliche Entdeckungen machen können.
Weiter denke ich an Leute, die in Jugendkreisen oder Gemeinschaften Bibelstunden halten sollen und dankbar sind für Material dafür.
Nun noch ein Wort zu den alttestamentlichen Lebensbildern, die im Licht des Neuen Testaments gesehen sind. Ich habe mir oft die Frage vorgelegt: »Wie sahen die Stunden der ersten Christen aus?« Sie hatten doch das Neue Testament noch nicht. Sie lasen das Alte Testament

und fanden überall Jesus. Sie hielten es mit dem Wort Jesu: »Suchet in der Schrift (des Alten Testaments) ... sie ist's, die von mir zeugt.« So suchten und fanden sie im Alten Testament den Herrn Jesus.

Mir scheint es eine wichtige Aufgabe zu sein, so in das Alte Testament einzuführen. Denn wie wenig Christen finden sich in diesem Buch zurecht.

Nun möge unser Herr den Weg dieses Bändchens segnen an manchen Herzen und Gewissen.

Essen, im Winter 1964
Wilhelm Busch

Bileam

1. Die Furcht eines Starken

4.Mose 22,1-4: Danach zogen die Kinder Israel und lagerten sich in das Gefilde Moab, jenseits des Jordans, gegenüber Jericho. Und Balak, der Sohn Zippors, sah alles, was Israel getan hatte den Amoritern; und die Moabiter fürchteten sich sehr vor dem Volk, das so groß war, und den Moabitern graute vor den Kindern Israel, und sie sprachen zu den Ältesten der Midianiter: Nun wird dieser Haufe auffressen, was um uns ist, wie ein Ochse Kraut auf dem Felde auffrisst. Balak aber, der Sohn Zippors, war zu der Zeit König der Moabiter.

Um was es geht

Die unheimliche Geschichte vom Bileam führt uns in jene Zeit, als das Volk Gottes im Alten Testament anfing, das verheißene Land einzunehmen. 40 Jahre vor dem Beginn unserer Geschichte hatte Israel die Befreiung aus Ägypten erlebt. 40 Jahre lang war das Volk durch die Wüste gewandert. Nun näherte es sich von Osten her dem verheißenen Land Kanaan.
Die Völker Kanaans waren von Gott dahingegeben zum Gericht. Unsere Geschichte führt uns mitten in die Zeit, da Israel mit diesen heidnischen und in schrecklichen Sünden versumpften Völkern im Streit lag.

Die Lage, die hier geschildert wird, gibt es zu allen Zeiten: Es gibt eine verlorene Welt und ein Volk des lebendigen Gottes. So ist es auch heute noch. Daran ändert nichts die Tatsache, dass Gottes Volk, das durch Jesus erlöst ist, mitten zwischen den Kindern dieser Welt lebt. Gottes Volk ist Gottes Volk. Und Welt ist Welt. Man versucht immer wieder, die Grenzen zwischen beiden zu verwischen. Man will eine Gemeinde des Herrn, »die in die Welt passt«. Als wenn wir nicht von Natur nur allzu gut in die Welt passten! Für die Glieder des Volkes Gottes ist die große Sorge, wie sie in das Himmelreich passen. Der »irdische Sinn« ist ihnen verdächtig. Sie möchten gern einen himmlischen Sinn haben. Man hört oft den Satz: »Jesusjünger sind Bürger zweier Welten.« Die Bibel sagt es anders. Sie sagt, dass die Glieder des Volkes Gottes Bürger der himmlischen Welt sind, auf dieser Welt aber sind sie »Gäste und Fremdlinge«.

Balak

Von diesem mächtigen Moabiterkönig Balak sagt Fr. Mayer: »Ein rechtes Bild des Antichristen, der wider Gottes Reich streitet.« Darauf deutet schon sein Name. Man kann »Balak« übersetzen mit: »der die Lande wüst und öde macht« oder kurz »der Zerstörer«.

Er ist recht ein Werkzeug der unheimlichen Macht, die das Verderben will.
Wir lernen Balak als einen sehr klugen Mann kennen. Es gibt eine satanische Klugheit, die dem Volke Gottes gefährlicher wird als ein direkter Angriff. Und am Ende der Geschichte werden wir hören, dass er Gottes Volk fast an den Rand des Verderbens brachte durch seine Klugheit.

Ein seltsames Bündnis

Zunächst geht Balak den üblichen Weg aller bedrohten Könige: Er verschafft sich Verbündete, die Midianiter. Es war fast immer Krieg zwischen den kanaanitischen Stämmen. Aber nun, wo es gegen Gottes Volk ging, wurden sie eins. Wir denken daran, wie Herodes und Pilatus Freunde wurden über ihrem Nein gegen Jesus. Ja, der Teufel hat gegen Gottes Volk die seltsamsten Partnerschaften zustandegebracht. Wie oft hat sich die rohe Masse des Pöbels zusammengefunden mit dem sublimen Geist der Gelehrten, wenn es gegen die Gemeinde Jesu ging!

Die Furcht des Starken

In unserem Bericht ist Gottes Volk, Israel, deutlich getrennt von der Welt des Balak. Und nun hören wir, dass es dem Balak und seinem Volk »graute vor Israel«. Je klarer die Gemeinde Jesu sich von der Welt unterscheidet, desto vollmächtiger wird sie und desto unheimlicher wird sie der Welt. Von der ersten Christengemeinde heißt es Apostelgeschichte 5,13:

»Der andern wagte keiner, sich zu ihnen zu tun, sondern das Volk hielt groß von ihnen.«

Und von dieser Zeit wird berichtet, dass »immer mehr hinzugetan wurden, die da glaubten an den Herrn«. Wenn Gottes Volk die Grenzen gegen die Welt zu wahren weiß, hat es Kraftwirkungen.
Und damit ist schon gesagt, warum dem Balak graute. Eigentlich ist es ja wunderlich. Denn er war militärisch viel stärker als Israel. Die Kanaaniter waren hochgerüstete Völker mit starken Festungen und Kriegswagen. Israel war ein armes Nomadenvolk mit primitiven Waffen. Natürlicherweise gab es gar keinen Grund für Balak, Gottes Volk so zu fürchten.
Aber er weiß, woher Israels Unüberwindlichkeit kommt: Sie kommt von Jahwe, dem geoffenbarten Gott. Wer es mit Gottes Volk zu tun bekommt, der gerät damit an den Herrn

selbst. Als Paulus die Gemeinde Jesu Christi verfolgte, trat der erhöhte Herr Jesus gegen ihn auf und fragte: »Was verfolgst du mich?«

2. Ein kluger und doch törichter Plan

4.Mose 22,5-7: Und er sandte Boten aus zu Bileam, dem Sohn Beors, gen Pethor, der wohnte an dem Strom im Lande der Kinder seines Volks, dass sie ihn forderten, und ließ ihm sagen: Siehe, es ist ein Volk aus Ägypten gezogen, das bedeckt das Angesicht der Erde und liegt mir gegenüber. So komm nun und verfluche mir das Volk (denn es ist mir zu mächtig), ob ich's schlagen möchte und aus dem Lande vertreiben; denn ich weiß, dass, welchen du segnest, der ist gesegnet, und welchen du verfluchst, der ist verflucht. Und die Ältesten der Moabiter gingen hin mit den Ältesten der Midianiter und hatten den Lohn des Wahrsagers in ihren Händen und kamen zu Bileam und sagten ihm die Worte Balaks.

Der seltsame Plan

Balak war ein kluger Mann. Nun stellte er folgende Überlegung an: Israel ist unüberwindlich, weil der Herr auf seiner Seite steht. Ich kann also dies Volk nur überwinden, wenn ich einen Keil treibe zwischen Israel und seinen

Gott. Denn Gottes Volk kann nur durch Gott selbst überwunden werden. Darum muss ich den Gott Israels von Israel trennen. Er muss auf meiner Seite streiten. – Darum sandte Balak zu Bileam, damit der Israel verfluche.

Gewiss: Es wird uns sehr schwer werden, in die krausen Gedankengänge eines heidnischen Gehirns einzudringen. Aber dieser Gedanke des Balak ist ja klar: Wenn Israel verflucht ist, dann kann ich es überwinden. Darum suche ich jetzt einen Mann, der es verfluchen kann. Dann ist in igendeiner Weise Israel von seinem Gott getrennt.

So seltsam die Gedankengänge des Balak sind – eins können wir von ihm lernen: Gottes Volk kann nur von Gott überwunden werden, sonst durch niemand und nichts. Das wusste der Heide. Wissen wir es auch? Dann würden wir nie mehr Sorge haben, dass das Reich Jesu Christi untergehen könnte. Unsere einzige Sorge wäre die, dass wir und andere dazugehören.

Bileam wird gerufen

Da kommt nun der Name dieses geheimnisvollen Mannes. Mitten in der Heidenwelt steht er einsam und berühmt. Berühmt ist er, weil er den lebendigen Gott kennt. Es ist keine Frage: Bileam war ein Knecht Gottes, des wirklichen, wahren Gottes. Er war ein Licht in der dunklen Welt. Wir wissen nicht, woher er den Herrn kannte.

Kenner der Bibel erinnern sich hier an eine ähnlich geheimnisvolle Gestalt, einen Mann, der als Licht mitten in der dunklen Heidenwelt stand. Es ist Melchisedek, jener wunderbare »König von Salem«, dem Abraham einst begegnete (1.Mose 14,18ff), in dem der Hebräerbrief sogar ein Vorbild des Herrn Jesus sieht (Hebr. 5,6).

Jetzt kommt Bileams große Versuchungsstunde, wo der antichristliche Balak eine ehrenvolle Gesandtschaft an ihn gehen lässt und ihn um seine Hilfe bittet. Es gibt einen Liedvers, in dem es heißt: »Lockt die Welt, so sprich mir zu …« Die Welt lockte hier den Knecht Gottes. Und der Herr sprach ihm zu. Denn der Herr lässt Seine Knechte in der Stunde der Versuchung nicht allein.

3. Gerade noch gut gegangen

4.Mose 22,8-14: Und er sprach zu ihnen: Bleibt hier über Nacht, so will ich euch wieder sagen, wie mir der Herr sagen wird. Also blieben die Fürsten der Moabiter bei Bileam. Und Gott kam zu Bileam

*und sprach: Wer sind die Leute, die bei dir sind?
Bileam sprach zu Gott: Balak, der Sohn Zippors,
der Moabiter König, hat zu mir gesandt: Siehe, ein
Volk ist aus Ägypten gezogen und bedeckt das Angesicht
der Erde; so komm nun und fluche ihm, ob
ich mit ihm streiten möge und sie vertreiben. Gott
aber sprach zu Bileam: Gehe nicht mit ihnen, verfluche
das Volk auch nicht; denn es ist gesegnet. Da
stand Bileam des Morgens auf und sprach zu den
Fürsten Balaks: Gehet hin in euer Land; denn der
Herr will's nicht gestatten, dass ich mit euch ziehe.
Und die Fürsten der Moabiter machten sich auf,
kamen zu Balak und sprachen: Bileam weigert sich,
mit uns zu ziehen.*

Bileam nimmt sich Zeit

Es gab sicher Aufsehen, als dieser vornehme
Tross aus dem Moabiterland vor dem Hause
des Bileam hielt. Aber zunächst erscheint der
Bileam nicht sehr beeindruckt. Er sagt zu den
Gesandten: »*Bleibt hier über Nacht, so will ich
euch wieder sagen, was mir der Herr sagen wird.*«
Das ist eine wundervolle Sache. Wichtiger als
alles andere ist dem Bileam der Wille seines
himmlischen Herrn. Wenn es doch in unserm
Leben auch so wäre! Wie viel falsche Wege
würden wir uns ersparen, wenn es bei uns
hieße: Wartet! Ich muss meinen Herrn zuerst

fragen. Und es soll keiner sagen, er könne den Willen Gottes nicht erfahren. Er hat versprochen:

»Ich will dich mit meinen Augen leiten« (Psalm 32,8).

»Im Kämmerlein«

»Und Gott kam zu Bileam und sprach ...« Wir hören hier, dass der Bileam eine gute Gebetsverbindung zu seinem Herrn hatte. Und beim Beten hörte er auf das, was der Herr ihm sagte. Professor Karl Heim sagte seinen Studenten einmal: »Zum Beten gehört nicht nur, dass wir dem Herrn unsere Anliegen vortragen, sondern auch, dass wir stille werden und auf Seine Antwort warten.«
Es ist ein schönes Bild, das uns hier gezeigt wird: ein Mann in der Stille der Nacht im Gespräch mit Gott.
»Und Gott kam zu Bileam ...« Mit großer Selbstverständlichkeit ist hier davon die Rede, dass der Herr sich zum Gebet Seines Knechtes hinwendet. Immer wieder wird uns versichert: »Beten hilft auch nicht!« So kann nur der reden, der nie mit dem Herrn in der Stille geredet hat. David bekennt:

»Da ich den Herrn suchte, antwortete er mir ...« (Psalm 34,5).

»Gott sprach: Wer sind die Leute, die bei dir sind?« Nun, das weiß der Herr doch. Warum fragt Er? Offenbar nicht um Seinetwillen, sondern um Bileams willen. Bileam soll sich durch die Antwort, die er geben muss, klar werden, dass die Gesandtschaft von dem Heidenfürsten, dem Feind Gottes, kommt. Dann wird er von selber verstehen, dass er von einem solchen Mann keine Aufforderung annehmen kann, Gottes Volk zu verfluchen.
Ja, hier ist nun eigentlich schon alles klar. Knechte Gottes haben bestimmt nicht im Auftrage der Gottlosen zu segnen oder zu fluchen. Dass Bileam das Gespräch aber weiterführt, zeigt eine verborgene Falte seines Herzens: Er möchte zu gern mit den Gesandten ziehen. Ihn locken die Geschenke und Ehrungen. Dieser heimliche Wunsch, dieses Schielen nach der Sünde ist der Anfang vom Untergang dieses Gottesmannes. Im Lateinischen heißt es: »Principiis obsta«, das heißt: »Widerstehe den Anfängen.«
»Gott sprach: Verfluche das Volk nicht, denn es ist gesegnet.« Das war für den Bileam eine große Enthüllung. Er erfährt, dass er mit seinem

Glauben nicht ein »einsamer Vogel auf dem Dache« ist (Psalm 102,8). Der Herr offenbart ihm, dass Er ein großes Volk hat; dass Er »ein Volk des Eigentums« hat (1.Petrus 2,9). Und dies Volk Gottes, das der Herr selbst erlöst hat, steht unter Gottes mächtigem Schutz: »Verfluche es nicht, denn es ist gesegnet.«

Halb-fest

Der nächste Morgen. Bileam erklärt den enttäuschten Fürsten Balaks, dass er nicht mit ihnen ziehen will.
Das ist schön! Der Mann verleugnet seinen Herrn nicht. Er erklärt, dass er nur seinem himmlischen Herrn folgen will.
Ein solches Nein spielt in der Bibel eine große Rolle.

So sagt Joseph nein, als die Frau des Potiphar ihn zur Sünde verführen will (1.Mose 39,9).

So sagen die Freunde des Daniel nein, als sie ein Götzenbild anbeten sollen (Daniel 3,16ff).

So sagt Jesus nein, als der Versucher Ihm alle Reiche der Welt anbietet (Matth. 4,8ff).

So sagt Paulus nein, als man ihm in Lystra göttliche Ehren erweisen will (Apostelgesch. 14,8ff).

So sagt die Gemeinde der Endzeit nein zum Antichristen und nimmt sein Malzeichen nicht an (Offenbarung 20,4).

Allerdings: Dieses Nein des Bileam ist kein klares, helles Nein, wie bei den eben genannten Leuten. Er sagt: »*Der Herr will's nicht gestatten, dass ich mit euch ziehe.*« Wie anders wäre es gewesen, wenn er gesagt hätte: »Ich will nicht mit euch ziehen, weil mein Herr es nicht will.« Nun klingt seine Rede so: ›Ich würde ja gerne, aber mein harter Herr erlaubt es nicht.‹ Das sind immer die Anfänge der verkehrten Wege, wenn wir dem Herrn nur mit halbem Herzen gehorsam sind.
Und vor allem: Man hätte doch meinen sollen, Bileam würde sich am selben Tage aufgemacht haben, um zu diesem Volk Gottes zu ziehen, von dem er eben gehört hat. Ich könnte mir vorstellen, wie er zu ihnen kommt und mit Freudentränen zu ihnen sagt: ›Ich bin euer Bruder. So lange habe ich allein gestanden. Nun müsst ihr mich aufnehmen in eure Bruderschaft.‹

Es zieht ihn nicht zu den Brüdern. Das zeigt, dass etwas bei ihm schon nicht mehr stimmt; denn die Bibel sagt:

> »Wir wissen, dass wir aus dem Tode zum Leben gekommen sind, denn wir lieben die Brüder« (1.Joh. 3,14).

4. Die Dämme brechen

4.Mose 22,15-20: Da sandte Balak noch größere und herrlichere Fürsten, denn jene waren. Da die zu Bileam kamen, sprachen sie zu ihm: Also lässt dir sagen Balak, der Sohn Zippors: Wehre dich doch nicht, zu mir zu ziehen; denn ich will dich hoch ehren, und was du mir sagst, das will ich tun; komm doch und fluche mir diesem Volk. Bileam antwortete und sprach zu den Dienern Balaks: Wenn mir Balak sein Haus voll Silber und Gold gäbe, so könnte ich doch nicht übertreten das Wort des Herrn, meines Gottes, Kleines oder Großes zu tun. So bleibt doch nun hier auch ihr diese Nacht, dass ich erfahre, was der Herr weiter mit mir reden werde. Da kam Gott des Nachts zu Bileam und sprach zu ihm: Sind die Männer gekommen, dich zu rufen, so mache dich auf und zieh mit ihnen; doch was ich dir sagen werde, sollst du tun.

Erneuter Ansturm

»*Da sandte Balak noch größere und herrlichere Fürsten ...*« In einem alten Lied heißt es: »Und ist ein Kampf wohl ausgericht't, / Das macht's noch nicht.« Das muss der Bileam jetzt erfahren. Von neuem versucht ihn der Teufel durch eine Gesandtschaft des Balak.

Wenn im Mittelalter ein feindliches Heer vor eine ummauerte Stadt zog, versuchte der feindliche Feldherr nicht sofort einen Sturmangriff. Er schickte Kundschafter aus, die die schwachen Stellen in der Befestigung suchen mussten.

Genauso macht es der Teufel, wenn er uns versuchen will. Er greift bei unseren schwachen Stellen an. Balak hatte offenbar durch die erste Gesandtschaft vernommen, dass Bileam nicht ganz unempfänglich sei für Geld und Ehren. Da setzt nun die neue Versuchung ein.

Wehre dich doch nicht, zu mir zu ziehen; denn ich will dich hoch ehren.« Mit keinem Wort geht Balak auf den Grund der Ablehnung durch Bileam ein. Dieser Heide hat kein Verständnis dafür, dass ein Mensch vor Gott steht und Sünde fürchtet. Balak tut, als sei die Ablehnung des Bileam nur eine Querköpfigkeit. Er redet ihm zu wie einem ungezogenen Kind: »Wehre dich doch nicht ...«, und dann kommen die glänzenden Versprechungen: »Ich will dich hoch ehren ...« Da locken Orden, Ehrengeschenke, Titel und was weiß ich alles.

Unwillkürlich gehen unsere Gedanken zu einem »hohen Berg«, auf den der Teufel den Herrn Jesus führte. Dort zeigte er Ihm alle Reiche der Welt und ihre Herrlichkeit. »Dies alles will ich dir geben, wenn du niederfällst und mich anbetest« (Matth. 4,9). Es ist keine Frage: Der Teufel kann seinen Leuten sehr viel versprechen. Er verschweigt dabei allerdings, dass man dafür die Gemeinschaft mit dem herrlichen Gott, den Frieden des Herzens und die Bruderschaft beim Volke Gottes preisgeben muss.

Der Widerstand lockert sich

Wie schön ist der erste Satz des Bileam: »*Wenn mir Balak sein Haus voll Silber und Gold gäbe, könnte ich doch nicht übertreten das Wort des Herrn.*« Sicher erschraken die herrlichen Fürsten Balaks und dachten: Wie unüberwindlich sind doch die Knechte Gottes. Es ist ihnen nicht beizukommen!

Aber sie brauchten sich nicht zu beunruhigen. Bileam fährt sehr kläglich fort in seiner Rede. Es hätte nun doch so weitergehen müssen: »Ich habe es euch gesagt, dass mein Herr mir diese Reise verbietet. Er liebt Israel, und darum liebe ich es auch. Hier ist nichts mehr zu verhandeln.«

Aber – leider! geht Bileams Rede so nicht weiter. Zögernd sagt er: »*So bleibt doch nun hier diese Nacht, dass ich erfahre, was der Herr weiter mit mir reden werde.*« Was ist das für eine Torheit! Was gab es denn da noch zu fragen? Gottes Wille war ja eindeutig.

So sind wir nun. Wenn uns ein Gebot Gottes in irgendeiner Sache im Wege steht, zu der unser Herz Lust hat, dann drehen und wenden wir es so lange, bis wir endlich herausbekommen, es könne doch vielleicht Gottes Wohlgefallen auf dieser Sache ruhen. Wie verkehrt ist das Menschenherz!

Genauso war es schon beim ersten Sündenfall (1.Mose 3). Die erste Sünde in der Welt geschah während einer Bibelarbeit. Da waren Adam und die Schlange beieinander und beschäftigten sich mit Gottes Wort. »Sollte Gott gesagt haben …!« Es ist sehr schlimm, wenn wir Gottes Wort nicht mit einfältigem Herzen annehmen; wenn wir es nach unseren Wünschen zurechtbiegen.

Gottes Gericht beginnt

Die Bibel ist ein atemberaubendes Buch! Wer bis daher aufmerksam der Bileamgeschichte gefolgt ist, der würde darauf schwören: Jetzt wird Gott dem Bileam aber die Meinung sagen, dass es bei Seinem Verbot bleibt. Oder – Gott wird es machen wie bei dem König Saul, von dem es heißt: »Gott antwortete ihm nicht mehr.« Ja, so würden wir es erwarten. Aber es kommt ganz anders. Gott sagt: »*Mache dich auf und ziehe mit ihnen.*«

Wie sollen wir das verstehen? Hat Er Seine Ansicht geändert?

O nein! Hier beginnt Gottes Gericht über Seinen Knecht Bileam, der nicht von Herzen gehorsam ist. Im ersten Kapitel des Römerbriefes steht ein unheimliches Wort: »dahingegeben«! So lesen wir da:

> »Und gleichwie sie nicht geachtet haben, dass sie Gott erkennten, hat sie Gott auch dahingegeben in verkehrten Sinn, zu tun, was nicht taugt« (Römer 1,28).

Da ist also das Unerhörte gesagt: Es ist schon Gottes Gericht, wenn wir sündigen. Weil unser Herz nicht willig Ihm gehören will, gibt Er uns dahin in die verkehrten Wege. Nun muss Bileam diesen jammervollen Ungehorsamsweg laufen, vor dem der Herr ihn so sehr gewarnt hat.

Die oben genannte Stelle aus dem Römerbrief ist einmal sehr ernst verhandelt worden zwischen zwei Großen: zwischen dem Grafen Zinzendorf und dem preußischen König Wilhelm I. Da schreibt der König in einem Brief an Zinzendorf: »… ich werde mich durch Gottes Gnade bearbeiten, meine Sünden noch mehr und so viel schwachen Menschen nur möglich ist abzulegen …« Zinzendorf antwortet: »Ich hätte keine Besserung, so viel schwachen Menschen möglich ist, versprechen können. Das kommt bei mir aus dem Principio her, dass ein Mensch nicht nur wenig, sondern gar nichts Gutes tun kann, der Heiland aber, der alles an uns, für uns und in uns tun will, Kraft genug hat, uns nach seinem ganzen Sinn zu machen, wenn wir ihn nur machen lassen. Dazu kommt, dass die Sünden nach Römer 1 nur unsere Strafen sind, und sich vor Sünden hüten, so viel gesagt ist, als sich vor seiner Strafe hüten, die man ausstehen muss und ihr nicht entgehen kann, bis man Gnade findet …«

Ein geheimes Band

Nun wird Bileam auf seinen Ungehorsamsweg losziehen. Aber ganz lässt ihn der Herr noch nicht los. Wenn ein Reiter ein Pferd trainiert, dann lässt er es zuerst ohne Sattel und Reiter an einer langen Leine laufen in der Reitbahn. So hat der Herr den Bileam auch noch an einer Longe. Er sagt: »*Doch was ich dir sagen werde, sollst du tun.*« Und wir werden es im Folgenden sehen, wie hart der Herr diese Leine anziehen kann.

5. Merkwürdig, höchst merkwürdig

4.Mose 22,21-30: Da stand Bileam des Morgens auf und sattelte seine Eselin und zog mit den Fürsten der Moabiter. Aber der Zorn Gottes ergrimmte, dass er hinzog. Und der Engel des Herrn trat in den Weg, dass er ihm widerstünde. Er aber ritt auf seiner Eselin, und zwei Knechte waren mit ihm. Und die Eselin sah den Engel des Herrn im Wege stehen und ein bloßes Schwert in seiner Hand. Und die Eselin wich aus dem Wege und ging auf dem Felde; Bileam aber schlug sie, dass sie in den Weg sollte gehen. Da trat der Engel des Herrn in den Pfad bei den Weinbergen, da auf beiden Seiten Wände waren. Und da die Eselin den Engel des Herrn sah, drängte sie sich an die Wand und klemmte Bileam den Fuß an der Wand; und er schlug sie noch mehr. Da ging der Engel des Herrn weiter und trat an einen engen Ort, da kein Weg war zu weichen, weder zur Rechten noch zur Linken. Und da die Eselin den Engel des Herrn sah, fiel sie auf ihre Knie unter Bileam. Da ergrimmte der Zorn Bileams, und er schlug die Eselin mit dem Stabe. Da tat der Herr der Eselin den Mund auf, und sie sprach zu Bileam: Was habe ich dir getan, dass du mich geschlagen hast nun dreimal? Bileam sprach zur Eselin: Dass du mich höhnest! ach, dass ich jetzt ein Schwert in der Hand hätte, ich wollte dich erwürgen! Die Eselin sprach zu Bileam: Bin ich nicht deine Eselin, darauf du geritten bist zu deiner Zeit, bis auf diesen Tag? Habe ich auch je gepflegt, dir also zu tun? Er sprach: Nein.

Der Knecht Gottes folgt den Gottlosen

»... *und zog mit den Fürsten der Moabiter.*« Ein trauriges Bild: Ein Knecht Gottes auf falschen Wegen.

Immer wieder zeigt uns die Bibel dies Bild:

Abraham zieht nach Ägypten (1.Mose 12,10)
Elia flieht in die Wüste (1.Könige 19,4)
Jona zieht nach Tharsis (Jona 1,3)

Petrus geht in den Hof des hohenpriesterlichen Palastes (Matth. 26,69 ff)

Unser Herz möchte so gern sich seinen Weg selbst suchen und dann bitten: »Herr, gehe mit!« Aber sehr schwer fällt es uns zu sagen: »Jesu, geh voran!«

Wir sehen: Auch die Heiligen Gottes sündigen. Und es kommt alles darauf an, dass wir von solchen falschen Wegen umkehren, Buße tun und zu dem Herrn gehen, der Sünde vergibt. Wo solche Buße nicht geschieht, da tritt allmählich Verstockung ein, und es geschieht ein fürchterlicher Abfall.

Der Knecht Gottes folgt auf seiner Eselin den Gottlosen. Das Gegenstück zu diesem Bileam ist der Apostel Paulus. Der hatte für eine seiner Missionsreisen einen großartigen Plan entworfen. Aber immer wieder heißt es in der Bibel: »Der heilige Geist ließ es ihnen nicht zu« (Apostelgesch. 16). Paulus war dem Wehren des Heiligen Geistes gehorsam, und so führte ihn der Herr nach Europa. Dem Bileam war auch gewehrt worden. Aber er zog trotzdem die falsche Straße.

Und in welcher Gesellschaft! Die Bibel sagt:

>»Ziehet nicht am fremden Joch mit den Ungläubigen« (2.Kor. 6,14).

Bileam zog aber ganz wirklich an diesem fremden Joch. »*Er zog hin mit den Fürsten der Moabiter.*« Wie mögen diese Heiden innerlich gegrinst haben über diesen Knecht Gottes, der zuerst mit seinem Widerstand so großartig tat und dann doch mitzog, als genügend große Vorteile winkten!

Ein Knecht Gottes auf falschen Wegen! Ein trauriges Bild – für Menschen, für Engel und für Gott. Denn die Sünden der Kinder Gottes wiegen schwerer als die Sünde derer, die keine Erkenntnis Gottes haben. »Welchem viel befohlen ist, von dem wird man viel fordern« (Lukas 12,48).

Gott ist doch nicht launisch?!

Man ist im ersten Augenblick verblüfft, dass hier steht: »*Aber der Zorn Gottes ergrimmte.*« Der Herr hatte doch gerade vorher gesagt: »*Zieh mit ihnen.*« Ist denn Gott launisch, dass Er das eine Mal so und das andere Mal anders spricht?

Nein, gerade hier schauen wir Gott tief in das erbarmende Herz. Gott hatte gesagt: »Ziehe hin.« Das war das Gericht über den Bileam, dass Er ihn »dahingab«. Aber nun, wo dieser ungehorsame Sohn in sein Verderben läuft, da bricht Gott das Herz, und Er möchte ihn noch einmal warnen. Es ist – ja, so muss man sagen – nicht ein Zorn zum Gericht, sondern ein rettender Zorn. Wenn der Herr den Bileam nicht liebhätte, wäre Er jetzt nicht zornig.

Der geheimnisvolle »Engel des Herrn«

Wir dürfen gewiss annehmen, dass dieser Engel des Herrn nicht irgendeiner aus den Heerscharen Gottes war. Wir haben es hier zu tun mit dem Sohn Gottes, mit der zweiten Person der Dreieinigkeit. Das mag im ersten Moment befremdlich klingen. Aber wir wollen darauf achten, dass der Herr Jesus selbst gesagt hat von der Schrift des Alten Testaments:

»Sie ist's, die von mir zeugt« (Joh. 5,39).

Also muss dort von Ihm die Rede sein.
Es ist uns geläufig, dass im Alten Testament Verheißungen stehen von der Menschwerdung des Sohnes Gottes. Da ist das große Kapitel von dem leidenden Heiland Jesaja 53. Da ist der Vers, der die Weisen auf den Weg brachte:

»Du Bethlehem Ephrata ... aus dir soll mir der kommen, der in Israel Herr sei« (Micha 5,1).

Nun, wir können nicht all diese Verheißungen aufzählen.
Aber das Alte Testament sagt uns mehr. Es spricht von Erscheinungen des Sohnes Gottes.

Und dabei wird Er meist »Engel des Herrn« genannt. Dass es kein gewöhnlicher Engel ist, sehen wir daran, dass dieser Engel des Herrn sich anbeten lässt und Opfer annimmt.

Wir lesen Richter 6,16-24
Wir lesen Richter 13, 2-22

Der Mensch gewordene Gott, Jesus, hat selbst davon gesprochen, dass Er lange vor Seiner Menschwerdung schon da war. Er sagt einmal:

»Ehe denn Abraham ward, bin ich« (Joh. 8,58).

Und das Johannes-Evangelium bezeugt, dass Gott alle Dinge durch Ihn geschaffen habe (Joh. 1,3).
Der Christus Jesus also tritt dem Bileam in den Weg und bezeugt ihm den rettenden Zorn Gottes.
Genauso ist es im Neuen Testament. Seht den Sohn Gottes am Kreuz! Da lernen wir den Zorn Gottes über alle Sünde kennen. So schrecklich ist der Zorn Gottes, dass der Sohn entsetzt ausruft: »Mein Gott, warum hast du mich verlassen?«
Aber – es ist ein rettender Zorn. Das weiß jeder, der im Kreuz Jesu Frieden fand.
Der Engel des Herrn tritt dem Bileam schließ-

lich so entgegen, »*da kein Weg war zu weichen, weder zur Rechten noch zur Linken*«. Hier denke ich an einen jungen Mann, der in einem christlichen Jugendkreis mitarbeitete. Doch er hatte nie ganz Ernst gemacht mit der Übergabe an den Herrn und mit der Nachfolge. All seine rastlose Tätigkeit und sein Eifer waren ein Ausweichen vor dem »Engel des Herrn«. Da kam er eines Tages unter ein Auto und wurde schwer verletzt in ein Krankenhaus gebracht. Da gab's nun kein Ausweichen mehr. Radio und Bücher waren ihm versagt, weil er eine schwere Gehirnerschütterung hatte. Und da konnte sein Heiland mit ihm reden. Als er aus dem Krankenhaus kam, fragte ich ihn: »Wenn Du nun tödlich verunglückt wärest, wärst Du in den Himmel gekommen?« Er antwortete: »Nein! Damals nicht! Aber – heute!«

Sehen Esel mehr als Menschen?

Offenbar ist es so. Ein Esel sieht wenigstens, was vor ihm steht. Er sieht, was vorhanden ist. Der Mensch aber sieht es nicht, weil er es nicht sehen will.
Der Esel sah den Engel des Herrn. Bileam war blind. So blind wie der Mensch heute ist, wenn er die klare Offenbarung Gottes in Jesus nicht sehen kann.

Es ist doch sehr interessant, dass der Herr Jesus es Seinen Zeitgenossen schon vorgeworfen hat, dass sie einfach nicht sehen können, was vor ihren Augen ist. Als sie Ihn wieder einmal fragten, wer Er sei, antwortete Er: »Erstlich der, der ich mit euch rede« (Joh. 8,25). Da will Er sagen: Macht doch eure Augen auf und seht, was geschieht. Dann erkennt ihr, dass in mir Gott geoffenbart ist und dass das Reich Gottes angebrochen ist.

Es muss uns verwundern, dass der Mensch, ja sogar ein Knecht Gottes blinder ist als das Tier. Warum sah Bileam den Engel des Herrn nicht? Mit jedem Schritt, den wir auf einem bösen Weg tun, wird unser Blick mehr und mehr verdunkelt für die Wirklichkeiten des Reiches Gottes. Das kann zu völliger Verdunkelung führen – wie bei Bileam - wie bei Judas (Matth. 27,5), wie bei Demas (2.Tim. 4,10).

Können Esel reden?

»*Da tat der Herr der Eselin den Mund auf, und sie sprach.*« Da haben wir nun die Geschichte, die Empörung unter den Weisen hervorruft und den Spott der Narren bewirkt hat. Eine redende Eselin! Ist denn das jemals gehört worden?!

Darauf kann ich nur antworten: Mein Gott

kann so etwas tun. Seine Macht ist in keiner Weise begrenzt. Wenn sie es wäre, hätte ich keinen Mut mehr zum Beten. Ich habe aber den Mut, weil es heißt: »Unser Gott ist im Himmel. Er kann schaffen, was er will.« Er kann auch einer Eselin eine Stimme schaffen.

Gewiss! Alltäglich ist das nicht. Das Normale ist, dass der Herr zu uns redet durch Sein Wort, das wir in der Schrift haben. Und zum Bileam, der die Bibel noch nicht hatte, hat Er auch klar und vernehmlich geredet. Wenn wir aber taub sind für Sein Wort, gefällt es Ihm je und dann, sich außergewöhnlicher Mittel zu bedienen.

Den Leuten, denen diese Geschichte ein sehr großes Ärgernis ist, möchte ich sagen: Beachtet einmal, dass die Eselin dem Bileam keine Predigt hält über den Engel des Herrn. Sie gibt nur – und das ist eigentlich nicht so sehr ärgerlich - dem Seufzen der Kreatur Ausdruck. Sie spricht genau nur das, was ganz bestimmt ein gequältes Tier in den Augenblicken seiner Qual empfindet: »Ist das dein Dank für meinen treuen Dienst?«

Der unheilige Zorn eines Gottesmannes

Unbarmherzig schlägt der Bileam auf seine arme Eselin ein. Es scheint, als sei der Herr

Bileam seltsam nervös. O ja, so ist es! Wenn ein Jesusjünger auf falschen Wegen ist, dann wird sein Gewissen unruhig. Und dann wird er nervös. Dann schlägt man seine Eselin, knurrt seine Hausgenossen an, schläft schlecht und braucht Betäubungsmittel wie Alkohol, gehetztes Arbeitstempo oder Zerstreuung. Die heute so viel verbreitete Nervosität bei Christen und Nicht-Christen kommt weithin aus dem bösen Gewissen.

Bileam hat nicht nur geschlagen, sondern getobt. »*Ach, dass ich jetzt ein Schwert in der Hand hätte, ich wollte dich erwürgen!*« Er muss jetzt schon schrecklich laut sein, um die Stimme seines Gewissens zu übertönen.

Es geht ihm wie dem Saulus, der später Paulus hieß. Von dem lesen wir (Apostelgesch. 9,1):

»Saulus schnaubte noch mit Drohen und Morden wider die Jünger des Herrn.«

Aber später erfahren wir, dass dies wilde Toben nichts anderes war als ein »Ausschlagen wider den Stachel«, der ihm im Gewissen saß (Apostelgesch. 9,5).

Die Wehklage von Bileams Esel

Im 19. Jahrhundert lebte im Rheinland der reformierte Theologe Paul Geyser. Im 7. Band seiner »Schriften« findet sich über Bileams Esel ein kleiner Aufsatz, dessen geistreiche Ironie uns zum Nachdenken zwingt. Er trägt den Titel: »Die Wehklage von Bileams Esel.«

Geht mir weg mit Haber und Heu! Ich habe keine Lust zum Fressen; ich wollte am liebsten in einer Ecke mich auf das Stroh legen, um nicht wieder aufzustehen.

Oh! was für Schmerzen im Rücken, am Bauch und in den Beinen, von den Schlägen, von den Fußtritten und dem erschrecklichen Weg! Das kommt davon, dass man ein Esel ist und die großen Herren auf sich reiten lässt!

Dieser Bileam tat sonst so fromm und hatte den Namen Gottes so oft im Munde, dass auch ein Löwe eine Neigung zum Asinismus (Eselei) bekommen konnte, um ihm zu dienen. Mag die Welt das Eselei nennen, wenn ich es für ein Glück ansah, seiner Hochwürden Reit- und Packesel zu sein, da ich doch nun einmal von Geburt eben ein Esel bin. Einen solchen Herrn zu tragen, war doch größere Auszeichnung, als eines Bauern Karren zu ziehen, oder wie mein Vetter Onager in Wäldern und Wüsteneien frei umherzulaufen. Wer etwas auf solche Freiheit gibt, der hat aufgehört, ein rechter Esel zu sein. Freiheit und magere Weide, – ich bedanke mich! Volle Krippe und würdiger Dienst, das ist der Standpunkt vernünftiger Eselei.

Hochwürden Bileam hält gute Tafel und ließ sonst auch seinem Hund das Nötige zukommen, so gut wie meiner Wenigkeit. Er hatte zwar oft hitzige Launen und behandelte mich barsch; aber er mochte es doch dann auch wieder leiden, dass mich das Volk für heilig ansah, wenn seine Heiligkeit auf meinem Rücken saß. Indessen so wie heute hat er sich noch nie angestellt. Es ist mir unbegreiflich von einem solchen Herrn! Wie oft saß er in tiefen Gedanken, umnebelt, oder schlafend auf dem Sattel, weil er wusste, der Esel kennt seinen Weg; und ich fand ohne seinen Zügel in finsterer Nacht über Stock und Stein die richtige Spur, und brachte ihn an sein Ziel. Meine Eselei half ihm über alle Schwierigkeiten hinweg.

Und jetzt solche Wutausbrüche und solche Schläge! Der Herr konnte sich doch wohl denken, ein Esel steht nur still, wenn er nicht weiterkann. Da zwischen den Weinbergen war der Pfad überhaupt bedenklich eng; und was gehen den Bileam die Weinberge an! Und nun auf einmal steht vor mir die Himmelsgestalt mit dem Schwert des Allmächtigen in der Hand. Wer ist der Esel, der davor nicht stillgestanden wäre?

Bileam aber schlägt fluchend seine Füße in meine Weichen und knirscht mit den Zähnen, während er mich haut. Ich begreife nicht, dass ein hoher Theologe, der solchen Namen hat im ganzen Land, nicht sieht, was ein Esel sehen kann. Sonst behauptet er, seine Augen werden aufgetan, wenn er niederkniee; und jetzt ist seine Sehkraft vernichtet, weil er auf einem Esel zu reiten beliebt! Oder sollte es etwa möglich sein, dass solche Propheten, die vorgeben, zu sehen, was andere Leute nicht sehen, ihrerseits nicht gewahr werden, was allen Sterblichen vor der Nase liegt. O Welt!

Oder sollte Bileam wohl so hochstudiert sein, dass er verlangte, ich müsse vor ihm mehr Respekt haben, als vor dem, der in der Höhe thront? Da steht Gott und winkt mit seinem Schwert: Zurück, das ist nicht der rechte Weg; dagegen flucht Bileam: Vorwärts, elendes Vieh! Da gilt es doch, Gott mehr zu gehorchen als dem Bileam; denn wenn ich in Gottes Schwert rennte, und risse den Reiter auf meinem Rücken mit mir ins Verderben, so müsste ich ein ganz aparter Esel sein.

Diese Menschen stellen sich überhaupt auf allen ihren Wegen an, als ob sie keinen Schlagbaum des Allmächtigen kennten; keiner hebt vernünftig die Augen auf, und je höher sie sind, desto toller gebärden sie sich. – Engel stehen mit dem Schwert am Pfade des Diebes, des Mörders, des Wucherers, des Ehebrechers; aber man sieht sie nicht; ein jeder stürmt dahin, wie es ihm gefällt; wo aber einer bedenklich wird, erschrickt, stille steht und umkehrt, da wird er ein dummer Esel genannt. Aber über das Heilige hinwegrennen, das Heilige mit Füßen treten, die Zeichen Gottes missachten und sich selbst für einen Gott halten, – das ist wahrlich eine Eselei, die sich kein naturgemäßer Esel zuschulden kommen lässt.

Und wie diesem hochwürdigen Bileam nun endlich die Augen aufgehen, als ihm gesagt wurde: »Wo der Esel nicht ausgewichen wäre, so würde ich dich erwürgt haben«, da konnte er doch merken, dass er seine Rettung mir verdankte. - Aber kam da ein Wort des Trostes oder des Dankens aus seinem Mund? Du armer Esel, ich habe dir Unrecht getan! Das fiel ihm nicht ein. Man wirft mir das Heu und den Haber vor und denkt, das sei mein Schmerzensgeld und meine Entschädigung. O Welt!

Wenn der Esel blind ist, so wird er geschlagen, wenn der Esel sieht, so wird er auch geschlagen; wenn der Esel taub ist, so wird er geschmäht; und wenn er gut hören kann – wer achtet auf ihn?

O Schicksal, o Schicksal, ein dummer Esel zu sein, der das Heilige sieht und fürchtet, während es dem blinden Reiter gefällt, über alles hinwegzusetzen.

O Welt, auch ein Esel kann sehen, dass du einmal untergehen musst! Wir Esel aber sind nicht schuld daran, sondern diejenigen, die sich für weise halten und den Heiligen nicht sehen, der mit flammendem Schwerte mitten im Wege steht!

6. Geöffnete Augen

4.Mose 22,31: Da öffnete der Herr dem Bileam die Augen, dass er den Engel des Herrn sah im Wege stehen und ein bloßes Schwert in seiner Hand, und er neigte und bückte sich mit seinem Angesicht.

»... nicht aus eigener Vernunft noch Kraft ...«

»*Da öffnete der Herr dem Bileam die Augen.*« So steht es also tatsächlich mit dem Menschen seit dem Sündenfall, dass er weder den Herrn noch Sein Heil erkennen kann aus eigener Vernunft noch Kraft. Gott selbst muss uns die Augen öffnen.

Den Zustand des natürlichen Menschen hat der Apostel Paulus im 2. Korintherbrief (4,3f) geschildert:

»Unser Evangelium ist verdeckt bei denen, die verloren werden, bei welchen der Gott dieser Welt der Ungläubigen Sinn verblendet hat, dass sie nicht sehen das helle Licht des Evangeliums von der Klarheit Christi, welcher ist das Ebenbild Gottes.«

Der englische Erweckungsprediger Spurgeon hat einmal gesagt: »Der Glaube ist ein sechster Sinn.« Das ist drastisch ausgedrückt. Aber es ist richtig.

Also wirklich: Christus im Alten Testament

Dem Bileam sind die Augen geöffnet. Und nun sieht er den Engel des Herrn, der ein bloßes Schwert in seiner Hand hat. Weil der Herr ihm die Augen aufgetan hat, ist er sich völlig klar darüber, dass er es nicht mit irgendeinem Engel zu tun hat, sondern mit Gott, mit dem geoffenbarten Gott. *»Er neigte und bückte sich mit seinem Angesicht.«* Noch einmal muss darauf hingewiesen werden, dass es nach der Bibel streng verwehrt ist, Engel anzubeten. Als der Johannes – so erzählt er in Offenbarung 22,8 – von einem Engel Gewaltiges gezeigt bekam, war er so überwältigt, dass er sagte: »Ich fiel nieder, anzubeten zu den Füßen des Engels, der mir solches zeigte.« Aber ehe er es tun konnte, hinderte ihn der Engel daran: »Siehe zu, tue es nicht! Denn ich bin dein Mitknecht … Bete Gott an!«

Dieser Engel des Herrn bei Bileam lässt es zu, dass Bileam vor Ihm niederfällt. Er nimmt die Anbetung entgegen und beweist damit, dass Er Christus im Alten Testament ist.

Das Schwert

Der Sohn Gottes hat sich im Neuen Testament so lieblich geoffenbart. Er sagt: »Ich bin sanftmütig und von Herzen demütig.« Da kann es uns wohl befremden, dass Er hier im Alten Testament so drohend mit einem bloßen Schwert erscheint. Wenn wir das erklären wollen, wollen wir nach dem alten Grundsatz handeln, dass die Schrift durch die Schrift ausgelegt werden muss. Und da wird uns gesagt:

Epheser 6,17: »Das Schwert des Geistes ist das Wort Gottes.«

Hebräer 4,12: »Das Wort Gottes ist schärfer denn ein zweischneidig Schwert.«

Und als Johannes den erhöhten Herrn sieht, schildert er Ihn in

Offenbarung 1,16: »Aus seinem Munde ging ein scharfes zweischneidiges Schwert.«

Und den wiederkommenden Herrn Jesus zeigt er uns in

Offenbarung 19,15: »Aus seinem Munde ging ein scharfes Schwert, dass er damit die Nationen schlüge.«

Der Herr Jesus also wird uns auch im Neuen Testament mit dem Schwert gezeigt. Dieses Schwert ist ein Bild für die Gewalt, die Gott Ihm gegeben hat und die bei Seiner Wiederkunft aller Welt offenbar werden wird.

7. Ein erfolgloses Gespräch

4.Mose 22,32-35: Und der Engel des Herrn sprach zu ihm: Warum hast du deine Eselin geschlagen nun dreimal? Siehe, ich bin ausgegangen, dass ich dir widerstehe; denn dein Weg ist vor mir verkehrt. Und die Eselin hat mich gesehen und ist mir dreimal gewichen; sonst, wo sie nicht vor mir gewichen wäre, so wollte ich dich auch jetzt erwürgt und die Eselin lebendig erhalten haben. Da sprach Bileam zu dem Engel des Herrn: Ich habe gesündigt; denn ich habe es nicht gewusst, dass du mir entgegen-

standest im Wege. Und nun, so dir's nicht gefällt, will ich wieder umkehren. Der Engel des Herrn sprach zu ihm: Zieh hin mit den Männern; aber nichts anderes, denn was ich zu dir sagen werde, sollst du reden. Also zog Bileam mit den Fürsten Balaks.

Der gute Hirte

Wenn es darum geht, Seine Leute zu retten, macht sich der Herr selbst auf.

> Hesekiel 34,11ff: »Siehe, ich will mich meiner Herde selbst annehmen und sie suchen. Wie ein Hirte seine Schafe sucht, wenn sie von seiner Herde verirrt sind, also will ich meine Schafe suchen ...«

Das ganze frohe Evangelium leuchtet an dieser alttestamentlichen Stelle auf. Der Herr selbst ist in die Welt gekommen, zu suchen und zu erretten, was verloren ist. Und so hat Er sich auch aufgemacht, den Bileam zu suchen, der auf einem so verkehrten Weg ist. Wenn man des Herrn Wort wörtlich übersetzen wollte, würde es heißen: »Ich bin es ja, der dir entgegengetreten ist.« Da bestätigt Er den Eindruck des Bileam, dass der Herr selber vor ihm steht.

Wenn der Herr einen Menschen retten will, dann muss Er ihn zur Buße führen. Das geht nicht anders, als dass Er ihm deutlich seine verlorene Lage zeigt. Das tut der Herr bei Bileam. »*Dein Weg ist vor mir verkehrt.*« Wörtlich übersetzt heißt es: »abschüssig«. Wenn unsere Wege vor dem Herrn verkehrt sind, sind sie abschüssig. So abschüssig, dass man auf ihnen immer schneller und schneller an das Ziel dieser Wege kommt – in die Hölle.

»... *vor mir verkehrt* ...« In den Augen des Bileam war sein Weg gar nicht verkehrt. Die meisten Leute halten ihre Wege für sehr richtig. »Ich tue recht und scheue niemand.« Aber auf unser Urteil kommt es gar nicht an. Der Herr ist es, der unsere Wege beurteilt.

Genau dasselbe hat Paulus bei Damaskus erlebt. Er wollte ja als junger Mann wirklich Gott dienen. Er glaubte, er tue Gott einen Dienst daran, wenn er die Christen verfolgte. Und da musste er hören: ›Dein vermeintlich guter Weg ist vor mir verkehrt.‹

Man kann erschrecken darüber. Wie oft meinen wir es gut, wo Gottes Urteil ganz anders lautet. Da versteht man das Gebet des David:

Psalm 139,23f: »Erforsche mich, Gott, und erfahre mein Herz; ... und siehe, ob ich auf bösem Wege bin, und leite mich auf ewigem Wege.«

Dieses Wort aus dem Munde des Herrn an Bileam klingt furchtbar hart. Und doch ist es ein Wort der Liebe. Denn es kommt ja aus dem Munde dessen, der Seinen verlorenen Knecht sucht und zurechtbringen will. Der »gute Hirte« sagt es.

Achtung! – Gefahr!

»Wäre die Eselin mir nicht ausgewichen, so hätte ich dich schon längst umgebracht« (Übersetzung von Kautzsch). Das war eine schreckliche Mitteilung. An einem ganz dünnen Faden hing also das Leben des Bileam.
Der Herr war ausgegangen, um dem Bileam auf seinem falschen Weg zu widerstehen. Und nun war Bileam in seiner Blindheit fast so weit gekommen, diese Warnung, ja, den Herrn selbst einfach zu überreiten. Wäre die Eselin nicht klüger gewesen als er, dann hätte er es bestimmt getan. Und dann wäre es aus gewesen mit ihm.
Es gibt also nichts Gefährlicheres, als die Warnungen des Herrn in den Wind zu schlagen.
Das klassische biblische Beispiel für solche Herzenshärtigkeit, die den mahnenden Ret-

tungswillen überfährt, ist der Pharao im 2. Mosebuch. Da heißt es immer wieder:

> »Als Pharao merkte, dass er Luft gekriegt hatte, verstockte er sein Herz« (2.Mose 8,11).

Er kam dann schrecklich um. So wie Bileam später umkam. Noch aber gab der Herr ihm Zeit zur Umkehr.

Halbe Buße

Jetzt ergreift Bileam endlich das Wort: »*Ich habe gesündigt …*« Wie schön ist dieser Satz! Der Herr Jesus hat einmal gesagt, dass »Freude ist im Himmel über einen Sünder, der Buße tut«. So hat der verlorene Sohn gesagt, als er nach Hause kam: »Vater, ich habe gesündigt.«

Wo ein Mensch so sagt, muss die Geschichte sich ja zum Guten wenden. Denn wo ein Herz Buße tut, über seine Sünde traurig ist und sie vor dem Herrn bekennt, da kann Er helfen, da vergibt Er, bringt zurecht und heilt. Das ist unserm Heiland das liebste Geschäft.

Die Geschichte von Bileam müsste nun so weitergehen: Er sprach: Ich habe gesündigt. Vergib mir. Wie Jakob will ich mit Dir ringen, bis ich Deiner Vergebung gewiss bin. Und dann will ich ganz schnell zurückgehen und von diesem

falschen Weg ablassen. Mag sich der Balak suchen, wen er will! Mag er mit Geschenken locken, so viel er will! Mir ist Deine Gnade mehr wert als alles. Ich kehre um.
Ja, so müsste es weitergehen. Aber es geht nicht so weiter. Dem Bileam war es gar nicht sehr ernst mit dem Satz: »Ich habe gesündigt.« Es kam bei ihm nur zu einer halben Buße.

Wo es fehlt

1. *»Ich habe gesündigt.«* Der Satz war schön. Aber es stellt sich dann heraus: Bileam hat gar nicht seine eigentliche Sünde gemeint, nämlich dass er trotz der Warnung des Herrn zu Balak zog. Ja, es zeigt sich, dass er mit seiner Sünde nur an die Tatsache denkt, dass er den Engel des Herrn nicht erkannt hat. Der Engel des Herrn hatte zu ihm gesagt: Beinahe hätte ich dich erwürgt. Das hat ihm einen Schock versetzt. Aber von wirklicher Sündenerkenntnis ist hier keine Spur.
Das ist wichtig für uns. Ein gelegentliches Erschrecken oder ein Katzenjammer sind noch nicht Buße.
2. Nun war ja auch das eine schlimme Sache, dass ein Prophet Gottes blinder war als seine Eselin. Und schließlich hatte Bileam guten Grund, hier zu sagen: »Ich habe gesündigt.«

Aber diese Bitte um Vergebung ist nicht ernst gemeint. Das wird daran deutlich, dass er sofort eine Entschuldigung bereithält: »*Ich habe es nicht gewusst.*« Das ist genau das Gegenteil von Buße, dass wir unsere Sünden entschuldigen und erklären. So haben es Adam und Eva nach dem Sündenfall gemacht:

> Adam sagte: »Das Weib, das du mir zugesellt hast, hat mich verführt« (1.Mose 3,12).
>
> Und Eva erklärte: »Die Schlange betrog mich.«

Erst wenn wir weder die Umstände noch andere Menschen noch sonst etwas für unsere Sünde haftbar machen, sondern nur uns selbst, erst dann erfahren wir die Vergebung der Sünden. Jesus ist nicht gestorben für zufällige oder halbe Sünder, sondern für wirklich böse und verlorene Sünder.

3. Wie wenig der Bileam eine Einsicht hat in seinen falschen Weg, wird aus seinen Worten offenbar: »Na ja, wenn dir mein Weg nicht gefällt, kann ich ja umkehren.«

Das ist furchtbar! »*Wenn dir mein Weg nicht gefällt* ...« Dieses ›Wenn‹ ist geradezu eine Un-

verschämtheit. Unerhört deutlich hat ihm der Herr gemacht, wie Ihm dieser Weg missfällt. Und nun tut Bileam, als wenn das eine Sache wäre, über die man diskutieren könnte.
Ist es nicht eine Gefahr für unsere Zeit, dass man den klaren Willen Gottes so lange diskutiert, bis alles unklar geworden ist?

Zieh hin!

Welch eine Trauer liegt in den Worten Christi: »*Zieh hin mit den Männern ...!*« Es ist, als wenn Er sagen wollte: »O du verblendeter Bileam, dir ist nicht mehr zu helfen.«
Wieder geht es nach Römer 1,20:

> »Er hat sie dahingegeben, zu tun, was nicht taugt.«

In fröhlichem Galopp reitet Bileam hinter den Gesandten Balaks her, die ihm während dieser Zeit weit vorausgeeilt sind. Und er ahnt nicht, dass er jetzt unter Gottes Gericht steht. Und wenn Bileam nicht so darauf versessen gewesen wäre, die Ehrengeschenke des Balak zu bekommen, dann hätte er stutzig werden müssen darüber, dass der Herr noch einmal sagt: »*Nichts anderes, als was ich dir sagen werde, sollst du reden.*« Wenn es so stand, dann konn-

te er niemals den Willen des Balak ausführen, dann musste die ganze Unternehmung zur Katastrophe führen.
Alle unsere Ungehorsamswege führen in Katastrophen.

8. Ein zweifelhafter Empfang

4.Mose 22,36-40: Da Balak hörte, dass Bileam kam, zog er aus ihm entgegen in die Stadt der Moabiter, die da liegt an der Grenze des Arnon, welcher ist an der äußersten Grenze, und sprach zu ihm: Habe ich nicht zu dir gesandt und dich fordern lassen? Warum bist du denn nicht zu mir gekommen? Meinst du, ich könnte dich nicht ehren? Bileam antwortete ihm: Siehe, ich bin gekommen zu dir; aber wie kann ich etwas anderes reden, als was mir Gott in den Mund gibt? Das muss ich reden. Also zog Bileam mit Balak, und sie kamen in die Gassenstadt. Und Balak opferte Rinder und Schafe und sandte davon an Bileam und an die Fürsten, die bei ihm waren.

Eine unfreundliche Begrüßung

»*Da Balak hörte, dass Bileam kam, zog er aus, ihm entgegen.*« Sieh da, dem Balak ist die Sache doch sehr wichtig! Das Grauen vor Gott und Seinem Volke hat ihn keinen Augenblick verlassen. Und er brennt darauf, einen Keil zwischen Gott und Sein erwähltes Volk zu treiben. Dazu soll Bileam ihm helfen, indem er Gottes Volk verflucht. O ja, die Feinde des Reiches Gottes können sehr zäh sein in der Ausführung ihrer Pläne.

Dem Bileam schwoll das Herz vor Stolz, als der mächtige König ihm entgegenkam. Nun mussten all die Ehrungen kommen, um derentwillen er eine so gefährliche Sache auf sich genommen hatte. Aber wie enttäuscht war er wohl, als Balak ihn frostig empfing. Kein freundlicher Gruß! Nur ein königliches Ungewitter ging über den verdutzten Bileam nieder. *»Habe ich dich nicht fordern lassen? Warum bist du denn nicht gekommen?«* Große Herren bitten nicht gern. Nun hat der Bileam sich sehr bitten lassen. Das verzieh ihm der Balak nicht.

So ist es, wenn Gotteskinder bei der Welt gut Freund sein wollen. Die Welt lässt sie bald merken, wie das Ganze gemeint ist: Sie nimmt es den Christen sehr übel, wenn sie auch nur mit einem halben Ohr auf die Stimme des Herrn hören wollen.

Verpasste Chancen

»Habe ich dich nicht fordern lassen?« fragt Balak. Das war der Augenblick, wo Bileam, der Knecht Gottes, einen heiligen Zorn aufbringen

musste: ›Du, König Balak, hast nicht zu fordern. Ich gehöre einem größeren Herrn. Der darf Forderungen an mich stellen. Ihm muss ich gehorchen.‹

Doch zu solch einem Satz kommt Bileam gar nicht mehr. Er ist auf der abschüssigen Bahn, wo es keinen Absprung mehr gibt. So kann er nur eine armselige, stammelnde Entgegnung finden. Bileam antwortet: »*Siehe, ich bin gekommen zu dir; aber wie kann ich etwas anderes reden, als was mir Gott in den Mund gibt?*« Dieser Hinweis auf den Herrn, dem er gehorchen muss, ist nicht sehr überzeugend. Denn die ganze Reise des Bileam ist ja schon ein Ungehorsam. Und Balak weiß es, weil Bileam die erste Gesandtschaft abgefertigt hatte mit den Worten, er könne nicht dem Herrn ungehorsam sein. Hier wird das Zeugnis des Bileam völlig unglaubwürdig. Wir können nicht für den Herrn zeugen, wenn unser Leben unserm Zeugnis widerspricht.

In dieser Antwort des Bileam wird seine ganze Verlegenheit deutlich. »Siehe, ich bin gekommen«, sagt er zu Balak. ›Ich gehorche dir ja.‹ Und im selben Atemzug sagt er: ›Aber ich muss dem Herrn gehorchen.‹

In solche Verlegenheit kommen alle Christen, die ein Sowohl-Als-Auch sagen, wo es ein Entweder-Oder gilt.

Man kann nicht Gott dienen und dem Teufel.
Man kann nicht Gott dienen und dem Mammon.
Man kann nicht Gott dienen und dem Fleisch.
Man kann nicht Gott dienen und den Menschen.
Die Bileam-Geschichte steht in der Bibel, damit wir lernen, Schluss zu machen mit Kompromissen, die ungeistlich und ungöttlich sind.

In Kirjath-Chuzoth

Balak kümmert sich nicht mehr um die stammelnden Entschuldigungen des Bileam. ›Los!‹ ruft er. Und - Bileam zieht mit.
Welch eine Lage! Balak schleppt den armen Bileam mit, damit er Gottes Volk verfluche. Und derselbe Bileam weiß, dass der Herr ihm gesagt hat: »Dies Volk ist gesegnet.«
So glaube ich, dass Bileam das große Gepränge nicht recht genießen konnte, mit dem Balak in Kirjath-Chuzoth (Luther übersetzt ›Gassenstadt‹) empfangen wurde. Machen wir uns sehr klar: Solange unser Gewissen nicht gereinigt, versöhnt und gehorsam ist, gibt es keine rechte Freude.
Wir können auch überzeugt sein, dass keiner in dem ganzen Gefolge des Königs den Bileam sehr geachtet hat. Wahrscheinlich haben sie

ihn verachtet. Denn nichts ist lächerlicher und kümmerlicher, als wenn Christen große Worte um ihren Herrn machen, aber dann vor aller Welt ihrem Ehrgeiz dienen und ihrem Herrn ungehorsam sind.

»Und Balak sandte von dem Fleisch an Bileam und an die Fürsten, die bei ihm waren.« Kaum hat Bileam die unfreundliche Begrüßung überwunden, da geht die Enttäuschung schon weiter. Bileam wird nicht zur Hoftafel eingeladen. Er wird zur »zweiten Garnitur« gerechnet. Es war also nicht so weit her mit den Ehrungen, mit denen er geködert worden war.

Dies ist eine Erfahrung, die viele nach ihm gemacht haben: Die Welt verlockt Gotteskinder mit den herrlichsten Angeboten. Aber am Ende ist alles eine große Enttäuschung. Adam aß von der verbotenen Frucht, weil sie lieblich anzusehen war (1.Mose 3,6). Und sie brachte ihm nur Leid und Jammer. Und Eva sagt nach dem Sündenfall ganz offen: »Die Schlange betrog mich.« Sie fühlte sich betrogen. Wahrscheinlich fühlte sich Bileam bei diesem Abendessen ebenso betrogen. Aber es kam noch Schlimmeres.

»Balak opferte Rinder und Schafe und sandte davon an Bileam.« Wem hat denn dieser heidnische König Balak geopfert? Natürlich seinen heid-

nischen Götzen. Und von diesem Opferfleisch wird dem Bileam aufgetragen. Was mag der Knecht Gottes bei diesem heidnischen Gastmahl empfunden haben! Sicher schrie sein Gewissen die ganze Zeit: ›Hier kannst du doch nicht bleiben!‹ Die Vernunft aber erwidert: ›Ich kann meinen Gastgeber doch nicht beleidigen!‹ Von dieser Lage reden Sprichwörter. »Mitgefangen – mitgehangen.« »Wer A sagt, muss auch B sagen.« Wer mit der Welt gehen will, muss auch an ihrem Götzendienst teilhaben.

Man hört heute oft den Satz: »Wir Christen müssen beweisen, dass wir in die Welt passen.« Nun, hier saß einer, der in die Welt passte. Aber dies In-die-Welt-Passen ist eine einzige große Verleugnung unseres herrlichen Herrn.

9. Alles verkehrt

4.Mose 22,41 - 23,2: Und des Morgens nahm Balak den Bileam und führte ihn hin auf die Höhe Baals, dass er von da sehen konnte das Ende des Volks. Und Bileam sprach zu Balak: Baue mir hier sieben Altäre und schaffe mir her sieben Farren und sieben Widder. Balak tat, wie ihm Bileam sagte; und beide, Balak und Bileam, opferten je auf einem Altar einen Farren und einen Widder.

Am falschen Platz

»... und führte ihn hin auf die Höhe Baals.« Nun ist es am Tage, dass Bileam auf einen Weg gekommen ist, auf dem er nicht sein dürfte. Baal war der kanaanitische Hauptgötze, dem in einem leichtsinnigen Kultus gedient wurde. Was in aller Welt hat der Knecht Gottes auf der Baalshöhe zu tun?!
Es ist immer eine schlimme Sache, wenn Knechte Gottes dort zu finden sind, wo sie nicht hingehören.
»Balak nahm den Bileam ...« Da steht Bileam auf der Höhe und sieht hinunter in die Ebene, wo das Lager des Volkes Gottes ist. Ob ihm nicht der Gedanke kommt: Ich stehe ja auf der verkehrten Seite!
Die Bibel sagt:

> »Ziehet nicht am fremden Joch mit den Ungläubigen« (2.Kor. 6,14).

Viele Christen sind ungesegnet, weil sie nicht den Mut haben, klar zum Volk Gottes zu stehen. Sie wollen ihr Ansehen bei der ungläubigen Welt nicht verlieren und kommen so in falsche Bundesgenossenschaft.
Was muss in dem Bileam schon erstorben sein,

dass es ihn nicht mit Macht zum Volk Gottes zog! Der Apostel Johannes sagt:

> »Wir wissen, dass wir aus dem Tode zum Leben gekommen sind, denn wir lieben die Brüder« (1.Joh. 3,14).

Bileam liebt die Brüder nicht, die dort lagern unter der Wolkensäule, dem Zeichen der Gegenwart Gottes.
Offenbar zieht es den Bileam nicht zu ihnen. Er bleibt in der falschen Bundesgenossenschaft bei Balak.

Ein falsches Opfer

»Balak und Bileam opferten ...« Es ging also bei dieser Geschichte sehr religiös zu. Man fragt sich nur: Welchem Gott wurde denn eigentlich geopfert? Das waren offenbar Opfer, die zugleich dem Herrn und den Götzen dargebracht wurden.
Vielleicht war Balak ein liberaler Mann, der so dachte wie die Menschen von heute: »Ob man ihn Jehova oder Baal, Schicksal oder Vorsehung nennt – das ist gleichgültig.« Goethe sagt: »... nenn es dann, wie du willst / nenn's Glück, Herz, Liebe, Gott. / Ich habe keinen Namen dafür! / Gefühl ist alles; Name, Schall und Rauch ...«

So können diejenigen nicht mehr reden, die die Offenbarung Gottes kennen.

Eine falsche Absicht

Da stehen die beiden nun, der heidnische König und der Gottesmann. Sie stehen hier, damit Gottes Volk verflucht werde. Man fragt sich wirklich, woher der Bileam noch den Mut zu dieser Unternehmung nimmt. Denn der Herr hat ihm doch deutlich gesagt: »Verfluche das Volk nicht; denn es ist gesegnet.« Ob Bileam wirklich meint, er könne Gott umstimmen mit den Opfern, die er darbringen lässt? Das sollen wir wissen: Wenn wir etwas vorhaben, was klar und deutlich gegen Gottes Willen ist, dann werden wir über kurz oder lang auf Gottes entschiedenes Nein stoßen.

10. Jetzt kommt Gott zu Wort

4.Mose 23,2b.3-7a.8.10-13: Balak und Bileam opferten je auf einem Altar einen Farren und einen Widder. Und Bileam sprach zu Balak: Tritt zu deinem Brandopfer; ich will hingehen, ob vielleicht mir der Herr begegne, dass ich dir ansage, was er mir zeigt. Und ging hin eilend. Und Gott begegnete Bileam; er aber sprach zu ihm: Sieben Altäre habe ich zugerichtet und je auf einem Altar einen Farren und einen

Widder geopfert. Der Herr aber gab das Wort dem Bileam in den Mund und sprach: Gehe wieder zu Balak und rede also. Und da er wieder zu ihm kam, siehe, da stand er bei seinem Brandopfer samt allen Fürsten der Moabiter. Da hob er an seinen Spruch und sprach: ... Wie soll ich fluchen, dem Gott nicht flucht? Wie soll ich schelten, den der Herr nicht schilt? ... Wer kann zählen den Staub Jakobs und die Zahl des vierten Teils Israels? Meine Seele müsse sterben des Todes der Gerechten, und mein Ende werde wie dieser Ende! Da sprach Balak zu Bileam: Was tust du an mir? Ich habe dich holen lassen, zu fluchen meinen Feinden; und siehe, du segnest. Er antwortete und sprach: Muss ich nicht das halten und reden, was mir der Herr in den Mund gibt? Balak sprach zu ihm: Komm doch mit mir an einen anderen Ort, von wo du nur sein Ende sehest und es nicht ganz sehest, und fluche mir ihm daselbst.

Der sehr moderne Prophet

Er ist tolerant auf Kosten der Wahrheit. »*Balak und Bileam opferten.*« Die Frage, ob Gott allein Herr ist, ob der Baal des Balak wirklich existiere, – kurz, die Frage nach der Wahrheit stellte man nicht. Es wurde eine Einheit hergestellt – auf Kosten der Wahrheit. Und genau das ist die religiöse Haltung der meisten Menschen unserer Tage.

Bileam will Gott anpassen an die neue Lage. *»Ich will hingehen, ob vielleicht mir der Herr begegne.«* Was soll das hier? Der Herr hatte eindeutig gesagt: »Mein Volk ist gesegnet.« Bileam aber ist der Ansicht, dass das nicht mehr ganz zeitgemäß sei. Die gottlose Welt hat den Propheten gerufen und will ihn hoch ehren. Das ist doch sehr schön, wenn die gottlose Welt die Christen so anerkennt! Ergibt das nicht eine ganz neue Lage? Sollte man da nicht dem Balak ein wenig entgegenkommen und doch so einen kleinen Fluch auf Gottes Volk loslassen? Vielleicht lässt Gott mit sich reden? Das frühere Wort Gottes passt nicht mehr ganz in die neue Lage. Also muss man Gott bewegen, sich der neuen Lage etwas anzupassen.

O, wie ist das in unsern Tagen immer wieder geschehen! Wie versuchte man, Gott und Sein Wort der gegenwärtigen Geisteslage und politischen Situationen anzupassen!

Und dann das Tempo! *»Und er ging eilend.«* Bileam hat sich mit Balak eingelassen. Nun wird er verstrickt in das unsinnige Tempo der Welt ohne Gott. Der Mensch ohne Gott muss immer rennen und laufen. Er hat immer Eile, die alle Stille tötet; denn es wäre ja schlimm, wenn in der Stille sein Gewissen zu ihm redete.

»Ich tue recht und scheue niemand«, sagt der moderne Mensch. Seht, wie modern Bileam ist! Ehe Gott mit ihm reden kann, redet er schon davon, wie großartig er gehandelt hat. »*Sieben Altäre habe ich zugerichtet ...*« Die Bibel nennt das ›Umgehen mit Werken‹. Und sie sagt sehr deutlich, dass, wer mit Werken umgeht, unter dem Fluch ist. Bileam gehört nicht mehr zu den Stillen im Lande, die sich der Gnade und der Vergebung der Sünden getrösten.

Und dann: Welche trügerische Statistik! Bileam spricht von sieben Farren und sieben Widdern, die er geopfert hat. Aber er erzählt nicht, dass dies nicht aus seiner Tasche gegangen ist. Es gibt viel christliches Renommieren mit dem, was man aufgebaut habe. Aber wenn man näher zusieht, hat Balak die Sache bezahlt, d. h. der Bundesjugendplan oder andere staatliche Stellen.

Wie soll das gut gehen?

Die ganze Geschichte muss ja nun schiefgehen.

Bileam hat sich Balak zur Verfügung gestellt, um Gottes Volk zu verfluchen.

Bileam will dem lebendigen Gott gehören, der gesagt hat: »Dies Volk ist gesegnet.«

Jesus sagt: »Niemand kann zwei Herren dienen, entweder er wird den einen hassen und den andern lieben, oder er wird dem einen anhangen und den andern verachten« (Matth. 6,24).

Das große Wunder in der Bileam-Geschichte

Alles spitzt sich jetzt darauf zu, dass Bileam einen gewaltigen Fluch über Israel spricht. Aber – nun geschieht das Wunder. Er kann diesen Fluch nicht aussprechen.
Ja, mehr, er muss statt dessen einen Segen über Israel sagen. Es gibt im Deutschen einen seltsamen Ausdruck: »Man hat mir das Wort im Munde verdreht.« Der Bileam erlebt das wirklich. Der Herr verdreht ihm das Wort im Munde, dass aus dem Fluch ein Segen werden muss. Wie erschütternd für Bileam und Balak! Da es uns hier um die Geschichte des Bileam geht, können wir nicht den ganzen Segensspruch bringen. Entscheidend ist der Satz: *»Wie soll ich fluchen, dem Gott nicht flucht?«* Es ist uns, als hörten wir das gewaltige Wort aus dem Römerbrief (8,34):

> »Wer will verdammen? Christus ist hier, der gestorben ist, ja vielmehr, der auch auferweckt ist, welcher ist zur Rechten Gottes und vertritt uns.«

Gesegnetes Gottesvolk

Wir müssen hier einen Blick werfen auf das Volk Gottes, auf Israel, das in der Ebene lagert, dessen Zelte ausgebreitet sind vor den Augen Balaks und Bileams. Deutlich erkennen wir drei Tatsachen:

a) Die heilige Ahnungslosigkeit des Volkes Gottes
Auf den Bergen Moabs werden die unheimlichsten Vorbereitungen zu seinem Verderben getroffen. Und Israel hat keine Ahnung davon. Das ist immer die Lage der Gemeinde Jesu Christi. Der Herr sagt einmal zu Petrus (Lukas 22,31f):

»Simon, Simon, siehe, der Satan hat euer begehrt, dass er euch möchte sichten wie den Weizen; aber ich habe für dich gebeten, dass dein Glaube nicht aufhöre.«

Wir ahnen nicht, was der Teufel alles gegen die Gemeinde Jesu zusammenbraut.

b) Der Herr bewahrt Sein Volk
Israel weiß nicht, was da oben zu seinem Verderben geplant wird. Aber der Herr weiß es. Und Er vereitelt den Plan der Feinde. Gottes Volk sitzt

»unter dem Schirm des Höchsten und bleibt unter dem Schatten des Allmächtigen« (Psalm 91,1).

Der Herr sagt zu Petrus: »Ich habe für dich gebeten.«
Und die Kinder singen:

> *Will Satan mich verschlingen,*
> *So Lass die Engel singen:*
> *Dies Kind soll unverletzet sein.«*

c) Alles muss zum Besten dienen

Bileam und Balak wollen Gottes Volk verfluchen. Aber es unterbleibt nicht nur der Fluch, sondern es wird eine zusätzliche Segnung daraus. Römer 8,28 steht:

> »Wir wissen, dass denen, die Gott lieben, alle Dinge zum Besten dienen.«

Der Teufel schläft nicht

Man sollte meinen, dass Bileam nach dieser Pleite die Aktion abbrechen würde. Aber er denkt nicht daran. Ehe es jedoch zu einer Fortsetzung kommt, erleben wir ein ärgerliches Gespräch zwischen Balak und Bileam.

»*Was tust du an mir?*« fragt Balak. Die Frage ist typisch für den natürlichen Menschen.

»Was tust du an mir?« fragt er seine Mitmenschen, wenn sie sich seinen Wünschen nicht fügen wollen.

»Was tust du an mir?« fragt er sogar den heiligen Gott, wenn Er ihn die Früchte seiner Sünde essen lässt.

Aber die viel wichtigere Frage »Was tue ich am andern?« stellt der natürliche Mensch nicht. Balak macht sich keine Gedanken darüber, dass er den armen Bileam zum Ungehorsam gegen Gott verführt. Er macht sich auch keine Gedanken darüber, dass es doch Gottes Volk ist, das er verfluchen will.
Und nun die Antwort des Bileam! Sie ist so lahm wie das ganze Wesen all der Menschen, die Gott und der Welt zugleich dienen wollen. »*Bileam antwortete und sprach ...*« Dieser Doppelausdruck will sagen, dass Bileam mit einer gewissen Würde und Feierlichkeit sprach, als er sich auf den Herrn berief. Aber diese Würde war blechern, weil er ja tatsächlich schon längst Gott ungehorsam war. Geistliche Würde und christliche Feierlichkeit sind unerträg-

lich, wenn dahinter nicht ein Gott geweihtes Leben steht. »*Muss ich nicht reden, was mir der Herr in den Mund gibt?*« Hier hätte Bileam sagen müssen: »Mein geschätzter König Balak! Ich habe mich in eine Sache eingelassen, der niemand gewachsen ist. Ich wollte Gott dienen und dem Mammon. Jetzt habe ich eingesehen: Das geht nicht. Ich scheide hiermit aus deinem Dienste aus.«

Das sagt er nicht. Je länger wir auf einem bösen Weg bleiben, desto unfähiger wird unser Herz zur Buße und zur Umkehr.

Und nun gehen sie miteinander an einen andern Ort, wo Bileam nicht das ganze Volk Gottes sieht, sondern »*nur sein Ende*«. Balak tut, als habe nicht der Herr ihm widerstanden; er redet sich ein, der überwältigende Anblick des Volkes Gottes habe den Bileam irritiert und am Fluchen verhindert.

So macht es der natürliche Mensch: Wenn er ganz deutlich auf den lebendigen Gott stößt, dann weigert er sich einfach, das anzuerkennen, und flüchtet sich in die Psychologie.

11. Gottes Geduld mit Narren

4.Mose 23,14-17: Und er führte ihn auf einen freien Platz auf der Höhe Pisga und baute sieben Altäre und opferte je auf einem Altar einen Farren und einen Widder. Und Bileam sprach zu Balak: Tritt her zu deinem Brandopfer; ich will dort warten. Und der Herr begegnete Bileam und gab ihm das Wort in seinen Mund und sprach: Gehe wieder zu Balak und rede also. Und da er wieder zu ihm kam, siehe, da stand er bei seinem Brandopfer samt den Fürsten der Moabiter. Und Balak sprach zu ihm: Was hat der Herr gesagt?

Die beiden Narren

Tatsächlich! Nun führt Balak den Bileam auf einen anderen Berg. Und jetzt wird das ganze Kult-Theater mit den sieben Altären noch einmal aufgeführt.
Balak, der Moabiterkönig, lebt ganz und gar im kanaanitischen Heidentum. In jedem Heidentum glaubt der Mensch, dass er mit bestimmten Zauberformeln, Opfern und Riten Gewalt bekommt über die Gottheit. So soll es nach dem Willen Balaks auch hier geschehen. So etwas kann man wohl mit Götzen machen. Nicht aber mit dem wirklichen, lebendigen, heiligen Gott. Den bekommen wir nicht in unsere Gewalt. Das hat Balak nun auf der Baalshöhe erfahren. Warum macht er trotzdem weiter? Warum behandelt er den wirklichen Gott genauso wie seine Götzen? Der Narr ist völlig blind für Gott.

Bileam, der Prophet Gottes, wird nun wirklich begriffen haben, dass der Herr Israel segnen und nicht verfluchen will. Warum treibt er das Spiel weiter? Bildet er sich etwa ein, er könne Gott doch noch umstimmen? Oder kann er nicht zurück? Wer klar erkannt hat, dass sein Weg falsch ist, und kehrt doch nicht um, ist ein Narr. Aber es handelt sich dabei um lebensgefährliche Narrheit.

Wunderbar ist die Geduld Gottes

»*Der Herr begegnete Bileam.*« Das gibt es also, dass der lebendige Gott einem Menschenkind begegnet. Ja, das gibt es auch heute noch! Und das gibt es auch, dass Gott einem Menschenkind begegnet, welches auf einem falschen Wege ist. Solchen Leuten rief der Prophet Amos zu:

»Schicke dich und begegne deinem Gott« (Amos 4,12).

»… *gab ihm das Wort in seinen Mund.*« Welche unerhörte Barmherzigkeit! Der Herr erkennt den Bileam immer noch als Seinen Propheten an. Denn das Kennzeichen aller alttestamentlichen Prophetie war dies, dass man nicht seine eigenen religiösen Gedanken vortrug, sondern das Wort sagte, das »der Herr dem Propheten in seinen Mund gab«. Zu Jeremia sagte der Herr bei seiner Berufung (Jer.1,9):

»Siehe, ich lege meine Worte in deinen Mund.«

Darum sind die Worte des Alten Testaments, die Worte der Propheten und damit auch die Segensworte des Bileam für uns verbindliche Worte des lebendigen Gottes.

12. Der starke Gott und sein Volk

4.Mose 23,18.20.24a: Und Bileam hob an seinen Spruch und sprach: Stehe auf, Balak, und höre! nimm zu Ohren, was ich sage, du Sohn Zippors! Siehe, zu segnen bin ich hergebracht; er segnet, und ich kann's nicht wenden. Siehe, das Volk wird aufstehen wie ein junger Löwe und wird sich erheben wie ein Löwe.

Er ist zu stark

Eine unerhörte Szene: Balak steht mit großem Gefolge bei den sieben rauchenden Altären. Gespannt schauen alle dem eilig zurückkehrenden Bileam entgegen. Erregt fragt Balak: »Was hat der Herr gesagt?«

Und nun bekommt er einen Schock. Denn majestätisch antwortet Bileam: »*Stehe auf, Balak …!*« Wir wissen aus Vers 17, dass Balak schon stand. Was soll da dieser Ruf? Wenn beim Militär der Kompaniechef eine Kasernenstube betritt, ruft der Stubenälteste: »Achtung!« So ähnlich ist dies Wort Bileams. Es will sagen: Balak, du fühlst dich als Herr. Höre zu: Jetzt wird der reden, der wirklich Herr ist, der dein Vorgesetzter ist!

»*Nimm zu Ohren, du Sohn Zippors!*« Ja, das muss man den Menschen auch unserer Tage zurufen. Wenn irgendeine Sensation verkündet wird – da hört der Mensch gern zu. Doch wenn der Herr redet, dann wollen sich die Klappen seines Geistes gern schließen.

So hat Bileam großartig angefangen. Aber ehe er nun den Spruch des Herrn verkündet, kommt doch für einen Augenblick der ganze armselige Bileam zum Vorschein. »*Er segnet, und ich kann's nicht wenden.*« Man hört förmlich, wie gerne er es »wenden« möchte, wie gerne er sich die Ehrenbelohnung des Balak verdienen möchte. Aber der Herr ist stärker. Bileam kann sich gegen den gewaltigen Zwang Gottes nicht wehren. Mit Entsetzen erkennt er, dass er, der fluchen möchte, mithelfen muss, über Israel den Segen zu bringen.

»Siehe, zu segnen bin ich hergebracht.« In Vers 11 dieses Kapitels hatte Balak zu Bileam gesagt: »Ich habe dich holen lassen zu fluchen.« Wie muss der Balak erschrocken sein, als er hört, dass ein viel Stärkerer die Hand im Spiel hat und dass Bileam bekennen muss: »Zum Segnen bin ich hergebracht.«

Wie Gottes Volk aussehen soll

Bileam hat hier einen langen, herrlichen und wundervollen Segensspruch ausgesprochen. Es würde ein eigenes Büchlein ergeben, wenn wir die Segenssprüche des Bileam auslegen wollten. Nun nehmen wir hier nur einen Segensspruch heraus.

»Siehe, das Volk wird aufstehen wie ein junger Löwe.« So also sollte die Gemeinde des Herrn nach dem Willen Gottes aussehen: Aufstehen wie ein junger Löwe! Da kann man nur traurig werden, wenn man die heutige Christenheit ansieht. Es ist, als hätte der Herr gesagt: »Dies Volk wird sich hinlegen wie ein müder Hammel.«

»... und wird sich erheben wie ein Löwe.« Da sitzen in der Wüste ein paar Hirten am Lagerfeuer. Plötzlich ertönt das unheimliche Gebrüll eines Löwen. Jetzt ist alle Gemütlichkeit dahin. Jetzt wird's ernst. – So hat Gott sich die

Gemeinde Jesu Christi gedacht. Und wenn wir einmal aufmerksam die Apostelgeschichte lesen, dann merken wir: Ja, diese Apostel und ersten Christen wurden der Welt so gefährlich. Sie bekamen einmal das Zeugnis, sie seien

»eine Sekte, der man an allen Orten widerspricht« (Apostelges. 28,22).

Wo das Evangelium hinkam, gab es Entscheidung, Aufregung, Widerspruch, Freude und Bewegung. In einem alten Lied heißt es:

»Löwen, lasst euch wiederfinden
Wie im ersten Christentum,
Die nichts konnte überwinden!
Seht nur an ihr Märtyr'tum.
Wie in Lieb sie glühten,
Wie sie Feuer sprühten ...«

»... aufstehen wie ein junger Löwe« soll die Gemeinde. Und Paulus sagt (2.Thess. 2,15):

»So stehet nun, liebe Brüder!«

Also nicht niederlegen soll sich die Gemeinde zum gemütlichen Schlaf und die Träume der verlorenen Welt mitträumen. Stehen soll sie (Eph. 6,14) wie die römischen Legionäre auf Wache, angetan mit der geistlichen Waffenrüstung. Stehen soll die Gemeinde wie ein Pfeiler in einem schönen Dom. Denn der Herr sagt, dass Er die Seinen machen will zum »Pfeiler in seinem Haus« (Offenbarung 3,12).

Nicht hin und her rennen soll die Gemeinde wie die Martha, welcher der Herr sagen musste: »Eins aber ist not ...« (Luk. 10,42). Immer mehr wird die Christenheit zum »Hans Dampf in allen Gassen«. Sie rennt mit der Welt um die Wette und rühmt sich, sie habe die »rechte Wirklichkeit« entdeckt. Nicht also, liebe Brüder! »So stehet nun!«

Nicht umhergeweht werden soll die Gemeinde. Schon der Hebräerbrief mahnt (Hebräer 13,9): »Lasset euch nicht mit mancherlei und fremden Lehren umtreiben. Denn es ist ein köstlich Ding, dass das Herz fest werde.« O die vielen Modemänner und Modetheologen und Modemeinungen in der Christenheit! Dass Gott erbarm! »So stehet nun, liebe Brüder!«

Auch ducken sollen sie sich nicht, die Christen. Es gibt Jesusjünger, bei denen die Arbeitskollegen jahrelang nicht merken, wohin sie gehören. Wie jämmerlich ist dieser geduckte Christenstand!

»Siehe, das Volk wird aufstehen wie ein junger Löwe.« Im Neuen Testament schreibt der Apostel der Gemeinde in Rom:

> »Weil wir solches wissen, nämlich die Zeit, dass die Stunde da ist, aufzustehen vom Schlaf, so lasset uns ablegen die Werke der Finsternis und anlegen die Waffen des Lichts« (Römer 13,11f).

13. Der betrogene Betrüger

4.Mose 23,25-30: Da sprach Balak zu Bileam: Du sollst ihm weder fluchen noch es segnen. Bileam antwortete und sprach zu Balak: Habe ich dir nicht gesagt, alles, was der Herr reden würde, das würde ich tun? Balak sprach zu ihm: Komm doch, ich will dich an einen anderen Ort führen, ob's vielleicht Gott gefalle, dass du daselbst mir sie verfluchest. Und er führte ihn auf die Höhe des Berges Peor, welcher gegen die Wüste sieht. Und Bileam sprach zu Balak: Baue mir hier sieben Altäre und schaffe mir sieben Farren und sieben Widder. Balak tat, wie Bileam sagte, und opferte je auf einem Altar einen Farren und einen Widder.

Der Betrüger

Jawohl, Bileam ist ein Betrüger. Das wird in

unserem Abschnitt so deutlich. Als Bileam zum zweiten Mal einen Segensspruch ausspricht, erschrickt Balak: »*Du sollst Israel weder fluchen noch es segnen.*« Er möchte jetzt mit dieser schrecklichen Sache Schluss machen. Und darum ist es so merkwürdig, dass er sofort hinterher sagt: »*Komm doch, ich will dich an einen andern Ort führen, ob's vielleicht Gott gefalle, dass du daselbst mir sie verfluchest.*«

Wie merkwürdig! Eben sagt er: »Du sollst weder fluchen noch segnen« – und dann will er doch weitermachen. Ja, zum ersten Mal nennt er sogar den Namen Gottes!

Er ist also schwankend, er ist unsicher. Und doch macht er noch weiter. Warum? Weil Bileam ihm nicht klipp und klar sagt: »Dies Volk ist von Gott gesegnet«; weil der Prophet ihm immer noch die Hoffnung lässt, es könnte zu dem Fluch kommen.

Das ist der Betrug Bileams von Anfang an. Gott hat gesagt: »Dies Volk ist gesegnet.« Und Bileam nimmt dem Balak nie ganz die Hoffnung, es könnte auch zu einem Fluch kommen.

Ein halber Christ ist ein ganzer Betrüger.

Weil er Gottes Wort selbst nicht ernst nimmt, erweckt er bei Weltmenschen den Eindruck, Gottes Wort sei keine ernst zu nehmende Sache.

Weil er mit der Bekehrung und der Heiligung seines Lebens nicht Ernst macht, erweckt er bei Weltmenschen den Eindruck, man könne auch ohne das selig werden (Hebr. 12,14).
So betrügt ein halber Christ die Welt.

Der Betrüger ist betrogen

»*...des Berges Peor.*« Peor ist auch der Name eines kanaanitischen Götzen. Offenbar wurde der auf diesem Berg besonders verehrt. Sicher waren hier viele Zeichen dieses abscheulichen Götzendienstes: Altäre, Reste von Opfern, Tempelchen und Votivtafeln. Wie muss dem Mann Gottes hier zumute sein!

»*...des Berges Peor, welcher gegen die Wüste sieht.*« Das ist das Lager des Volkes Gottes, ausgebreitet vor den Augen des Bileam. Da lagert Gottes Volk in stolzer Ruhe. Und gewaltig zeigt die Wolkensäule über der Stiftshütte die Gegenwart des Herrn an - des Herrn, dem ja Bileam dienen will! Wie mag Bileam zumute sein: Es muss ihm hier ja aufgehen, dass er auf der verkehrten Seite steht.

Warum steht er auf der verkehrten Seite?
Er wurde betrogen. Der Teufel benützt die Kinder dieser Welt, um die Kinder Gottes zu betrügen. Und er findet in dem bösen Herzensgrund der Kinder Gottes oft einen Ver-

bündeten. So sagten unsere Väter, dass der Teufel, die Welt und unser eigenes Herz uns betrügen.

Paulus hat das gut gewusst. Er spricht von Mauern gegen diesen Betrug in dem Wort: »Der Friede Gottes bewahre eure Herzen und Sinne« (Phil. 4,7), das heißt: Bewahrung vor Versuchung, die von innen kommt, und vor Versuchung, die von außen kommt.

14. Entdeckungen

4.Mose 24,1-5.8: Da nun Bileam sah, dass es dem Herrn gefiel, dass er Israel segnete, ging er nicht aus, wie vormals, nach Zauberei, sondern richtete sein Angesicht stracks zu der Wüste, hob auf seine Augen und sah Israel, wie sie lagen nach ihren Stämmen. Und der Geist Gottes kam auf ihn, und er hob an seinen Spruch und sprach: Es sagt Bileam, der Sohn Beors, es sagt der Mann, dem die Augen geöffnet sind, es sagt der Hörer göttlicher Rede, der des Allmächtigen Offenbarung sieht, dem die Augen geöffnet werden, wenn er niederkniet: Wie fein sind deine Hütten, Jakob, und deine Wohnungen, Israel! ... Gott hat ihn aus Ägypten geführt; seine Freudigkeit ist wie eines Einhorns. Er wird die Heiden, seine Verfolger, fressen und ihre Gebeine zermalmen und mit seinen Pfeilen zerschmettern.

Bileam sieht: Wie ohnmächtig sind die Feinde des Volkes Gottes!

Obwohl nun zum dritten Mal dieses Opfer-Theater aufgeführt wird – obwohl zum dritten Mal Balak auf eine Verfluchung wartet und Bileam segnen muss – obwohl zum dritten Mal alles sich wie vorher wiederholt, beginnt auf diesem Berg Peor doch etwas Neues. Dem Bileam werden die Augen geöffnet.

»... *dass es Gott gefiel, dass er Israel segnete, ging er nicht mehr auf Zauberei aus* ...« Das heißt kurz und bündig: Er trennt sich innerlich klar von dem Plan des Balak, diesem Volk mit Verfluchung beizukommen. An dem Volk Gottes prallen alle Verfluchungen ab. Damals und heute! Und wenn man alle Dämonen der Hölle auf sie hetzte, so ist der Erlöser Seines Volkes doch unendlich viel mächtiger. Darum glaubt Bileam auch nicht mehr an die starken Waffen des Moabiterkönigs. »*Dies Volk wird seine Verfolger fressen.*« Ein starker Ausdruck, in dem die ganze Resignation des Bileam deutlich wird und mit dem er den Auftraggeber Balak preisgibt.

Bileam sieht: Wie schön ist Gottes Volk!

»... *er richtete sein Angesicht stracks zur Wüste*

…« Es ist, als wenn der Bileam auf einmal mit ganz neuen Augen dies Volk Gottes sähe.
Er sieht seine stolze Ruhe. »… *wie sie lagen* …«
Ein Kindlein »liegt« in der Wiege. Ein Arbeiter »liegt« nach der Arbeit auf seinem Lager. Ein Feriengast »liegt« ruhend im Gras. So lag Israel. Unbekümmert um die Nähe des schrecklichen Feindes. Sie hatten ja des Herrn Wort: »Der Herr wird für euch streiten – und ihr werdet stille sein.« Wie sticht die Ruhe des Volkes Gottes ab gegen die Unruhe der Moabiter!
Solche Ruhe sollte auch über dem Volk Gottes im Neuen Bund liegen. Warum lassen wir uns so oft anstecken von Balaks Unruhe?
Er sieht die Mannigfaltigkeit in der Einheit. Zwölf Stämme hat Israel. Jeder Stamm hat sein Fähnlein. Aber alle Stämme lagern sich um das Heiligtum, um die Stiftshütte. So hatte der Herr es befohlen: »Die Kinder Israel sollen vor der Hütte des Stifts umher sich lagern, ein jeglicher unter seinem Panier und Zeichen.«
So ist es auch im Neuen Bund: Gottes Volk kennt keine monotone, uniforme Einheitlichkeit. Es hat mancherlei Formen der Frömmigkeit. Es ist in vielen Kirchen und Denominationen. Aber es ist verbunden durch den einen Herrn.

»Er das Haupt, wir seine Glieder,
Er das Licht und wir der Schein,
Er der Meister, wir die Brüder ...«

Die Einheit des Volkes Gottes ist gewährleistet durch Jesus. Darum ist diese Einheit nicht organisatorisch, sondern organisch. (»... ein Leib ...« Eph. 4,4.)

Bileam sieht: Wie freut sich Gott an Seinem Volk!

Wir müssten jetzt den ganzen Segensspruch des Bileam auslegen. Doch wir wollen es dem Leser überlassen, ihn in 4.Mose 24,5-9 selber nachzulesen. In diesem Segenswort wird so recht deutlich, wie der Herr Sein erwähltes Eigentumsvolk liebt, ja, wie Er Seine Lust an ihm hat. Wir wollen nur ein Wort herausgreifen: *»Wie fein sind deine Zelte!«*

Da muss man sich wundern, dass diese Zelte Gott gefallen. Denn diese Zelte waren doch alt geworden. 40 Jahre lang hatten sie in der Wüste ihren Dienst getan. Sie waren sicher geflickt und verrußt. Warum werden sie »fein« genannt?

1. Die Zelte Israels waren »fein«, weil sie am Tage unter dem Schatten und in der Nacht im Licht der Wolke standen. Diese Wolke aber war die Gegenwart des geoffenbarten Gottes. Diese

Wolke sagte: »Ich bin bei euch alle Tage.« Diese Wolke verkündete: »Ich will ihr Gott sein, und sie sollen mein Volk sein.«

Die Gegenwart des Herrn macht auch heute noch die Wohnungen der Kinder Gottes fein und lieblich. Es ist schöner in einer Dachwohnung, wo Jesus gegenwärtig ist, als in einem Schloss ohne Ihn. Die Zelte Israels waren fein, weil der Herr selbst gegenwärtig war.

2. Die Zelte Israels waren »fein«, weil an den Pfosten der Zelte die heiligen Gebote Gottes für jeden lesbar geschrieben standen. In 5.Mose 6 sagt der Herr von diesen Geboten: »Diese Worte, die ich dir heute gebiete, sollst du zu Herzen nehmen und sollst sie an deines Hauses Pfosten schreiben und an die Tore.«

Ich stelle mir vor: Es kommt ein Mann nach Hause. Er hat eine Kuh verkauft und dabei ein wenig geschwindelt. Er hat die Fehler verschwiegen und der Kuh Vorzüge angedichtet, die sie nicht hat. Jetzt eilt er fröhlich heim. In der Tasche klimpert das Geld. Plötzlich stockt sein Fuß. Da steht es: »Du sollst kein falsch Zeugnis reden!« Er sieht Gottes Augen auf sich gerichtet. Er weiß: Jedes Mal, wenn ich durch diese Zelttür gehe, werden diese Worte mich anklagen. So kann man doch nicht leben! – Da kehrt er um. Er kann nicht durch die Tür gehen, ehe diese Sache in Ordnung gebracht ist.

Nicht das macht unsere Wohnungen »fein«, dass wir herrliche Möbel, Radio- und Fernsehapparate haben, sondern dass die Gebote Gottes in Geltung sind und Alte und Junge Ihn von Herzen fürchten und lieben.

3. Die Wohnungen Israels waren trotz aller Dürftigkeit schön, »fein« und lieblich, weil an ihnen seltsame Spuren von Blut zu sehen waren. Immer wieder hören wir, dass das Volk, die Stiftshütte und alles, was »gereinigt werden musste, mit Blut besprengt wurde, mit dem Blut des Opferlammes. »Und es wird fast alles mit Blut gereinigt nach dem Gesetz; und ohne Blutvergießen geschieht keine Vergebung«, sagt der Hebräerbrief (9,22).

So war an den Hütten Israels das Blut der Versöhnung zu sehen. Auch unsere Wohnungen in modernen Großstädten und in den Dörfern brauchen diese Reinigung durch das Blut des Sohnes Gottes, das auf Golgatha vergossen wurde. Das macht eine Wohnung »fein«, wenn sie unter dem versöhnenden Blut steht. Luther sagt: »Wo Vergebung der Sünden ist, da ist Leben und Seligkeit«, – da sind die Zelte lieblich und fein.

4. Die Zelte Israels waren »fein«, weil sie – nun,

weil sie eben »Zelte« waren. Sie gaben zu erkennen: Hier ist ein Volk auf der Wanderung nach dem verheißenen Land.

Wenn wir in unseren Wohnungen wohnen, als sei hier unsere wirkliche Heimat, wenn wir dem ›irdischen Sinn‹ dieser Welt erliegen, – dann sind unsere Wohnungen nicht mehr »fein« in Gottes Augen. Wenn aber das Licht der zukünftigen Welt in ihnen ist, wenn wir »auf Abbruch« wohnen, weil wir Wanderer zur zukünftigen Welt sind – ja, dann gefallen unsere Wohnungen den Augen Gottes.

15. Krach

4.Mose 24,10-14a: Da ergrimmte Balak im Zorn wider Bileam und schlug die Hände zusammen und sprach zu ihm: Ich habe dich gefordert, dass du meinen Feinden fluchen solltest; und siehe, du hast sie nun dreimal gesegnet. Und nun hebe dich an deinen Ort! Ich gedachte, ich wollte dich ehren; aber der Herr hat dir die Ehre verwehrt. Bileam antwortete ihm: Habe ich nicht auch zu deinen Boten gesagt, die du zu mir sandtest, und gesprochen: Wenn mir Balak sein Haus voll Silber und Gold gäbe, so könnte ich doch an des Herrn Wort nicht vorüber, Böses oder Gutes zu tun nach meinem Herzen: sondern was der Herr reden würde, das würde ich auch reden? Und nun siehe, ich ziehe zu meinem Volk.

Jeder geht seinen Weg

Jesus sagt: »Ihr könnt nicht Gott dienen und dem Mammon.« Bileam wollte beiden dienen. Aber – er kann nicht. Gott hat ihn noch einmal auf Seiner Seite festgehalten. Das bedeutet aber Bruch mit Balak.

Dass wir das doch begriffen! Warum versuchen so viele, ob sie ihn nicht doch fertig bekommen, den ungeistlichen Kompromiss?

Hier war die Geschichte zwischen Balak und Bileam nun zu Ende. Balak sagte: »*Hebe dich an deinen Ort.*« Und Bileam sagt: »*Ich ziehe zu meinem Volk.*«

Der zornige König

Der Moabiterkönig ist gewaltig böse. Er schlägt vor Wut die Hände zusammen. Irgendwas muss man ja tun! Und dann schimpft er. Eigentlich möchte er auf den Gott des Volkes Israel schimpfen. Fast tut er es: »*Der Herr hat dir die Ehre versagt.*« Aber weil Gott für die Welt unerreichbar ist, schimpft sie auf die Knechte Gottes.

Der Balak ist ein rechtes Bild der Welt. Solange der Knecht Gottes tut, was der Welt gefällt, ist sie bereit, ihn zu ehren. Die Welt wird immer eine Kirche hoch ehren, die ihr den Willen tut. Doch wenn sie den Willen Gottes tut, dann ist es aus mit der Freundschaft.

Der verlegene Gottesknecht

Bileam ist ja wirklich ein armseliger Zeuge des Herrn. Wenn der ihn nicht gehalten hätte, dann wäre er völlig auf Balaks Seite geraten. Aber auch jetzt noch spielt er eine armselige Rolle. Er sagt: »Ich hab's ja gleich gesagt, dass ich nur reden kann, was der Herr will.« Da hat Balak sicher bitter aufgelacht und gedacht: »Warum bist du armseliger Wicht dann überhaupt gekommen?!« Es bleibt bei dem Sprichwort: »Ein halber Christ ist ein ganzer Unsinn.«

16. Jetzt ist von Jesus die Rede

4.Mose 24,14.15.17.23: Und nun siehe, ich ziehe zu meinem Volk. So komm, ich will dir verkündigen, was dies Volk deinem Volk tun wird zur letzten Zeit. Und er hob an seinen Spruch und sprach: Es sagt Bileam, der Sohn Beors, es sagt der Mann, dem die Augen geöffnet sind: Ich sehe ihn, aber nicht jetzt; ich schaue ihn, aber nicht von nahe. Es wird ein Stern aus Jakob aufgehen und ein Zepter aus Israel aufkommen und wird zerschmettern die

Fürsten der Moabiter und verstören alle Kinder des Getümmels. Und er hob abermals an seinen Spruch und sprach: Ach, wer wird leben, wenn Gott solches tun wird?

Der majestätische Herr

Paul Gerhardt hat von unserem Herrn einmal gesungen: »Sein Werk kann niemand hindern.« Dafür ist Bileam wirklich eine lebendige Illustration. Er wollte Israel verfluchen. Aber der Herr hat ausgerechnet ihn erwählt, Israel zu segnen. Und jetzt braucht ihn der Herr noch zu einer ganz besonderen Sache. Er muss eine wundervolle Verheißung auf den kommenden Sohn verkündigen. Ganz souverän braucht der Herr ihn als Sein Werkzeug, um das auszusprechen, was der Bibel das Allerwichtigste ist: Gott offenbart Sein Heil in Jesus Christus.

Der Mittelpunkt der Bibel

Der Herr Jesus hat einmal gesagt: »Suchet in der Schrift ... denn sie ist's, die von mir zeuget« (Johannes 5,39). Da sprach Er vom Alten Testament. Also schon im Alten Testament ist das Zeugnis von Jesus die Achse, um die sich alles dreht. Kein Wunder, dass auch der Bileam nun noch ein gewaltiges Christuszeugnis aussprechen muss.

»Ich sehe ihn, aber nicht jetzt; ich schaue ihn, aber nicht von nahe.« Jahrhunderte trennen noch den Bileam vom Kommen des Sohnes Gottes im Fleisch. Aber weil der Herr ihn nun zu Seinem Werkzeug gemacht hat, spricht Bileam trotz dieser Entfernung deutlich von Jesus.

Er nennt Ihn einen »Stern«. Ein verirrter Wanderer kann sich wieder zurechtfinden, wenn er sich nach den Sternen orientieren kann. Die Schiffe auf dem weiten Meer finden ihren Weg, wenn sie sich nach den Sternen orientieren. Wie sehr ist doch das alttestamentliche Israel immer und immer von dem Wege abgeirrt. Wir alle sind in der Wildnis und Verwirrung unserer Welt verlorene Leute, wenn wir uns nicht nach dem »Stern« orientieren, den Gott uns gegeben hat – nach dem Herrn Jesus Christus. Wer in der Nacht dieser Welt sich einfältig nach dem Stern Jesus ausrichtet, der kommt bestimmt ans Ziel.

So singen ja auch die Kinder Gottes: »Stern, auf den ich schaue ...« Als der Sohn Gottes kam, für uns starb und auferstand, da war auch für den Schwächsten eine klare Orientierung gegeben. Nun wird es bei dem Glauben immer heißen: »Herr, wohin sollen wir gehen? (Wir sind verirrt und verloren in der Nacht dieser Welt!) Du aber hast Worte des ewigen Lebens.

Und wir haben geglaubt und erkannt, dass du bist Christus, der Sohn des lebendigen Gottes.« Ja, so spricht der Glaube, der den Stern der Orientierung gefunden hat.

»... *ein Zepter aus Israel* ...« Das Zepter war im Altertum bis in das Mittelalter hinein das Machtzeichen der Könige. Hier sieht also der Bileam im Geist den König Jesus. Wir wissen, dass unser Herr und Heiland drei Ämter hat: Er ist Prophet, Hoherpriester und König. Bis zum heutigen Tage ist das Königtum Jesu noch ein verhülltes Geheimnis, das der Welt erst bei Seiner Wiederkunft offenbart wird. »Er will hier seine Macht und Majestät verhüllen ...« Aber die Gemeinde weiß um dies Geheimnis, weil der Herr selbst gesagt hat: »Mir ist gegeben alle Gewalt im Himmel und auf Erden« (Matthäus 28,18).

Es ist wunderbar, dass schon in dieser uralten Bileam-Verheißung dieses wichtige Stück gezeigt wird. Hat Bileam sich bisher blenden lassen von der Macht und Herrlichkeit des moabitischen Königs Balak, so erfährt er hier eine Befreiung von dieser Blendung. Er sieht den, dem wirklich alle Macht und Gewalt gegeben ist. So ist es: Ein Blick auf den erhöhten Herrn, den König Jesus, macht die Kinder Gottes frei von der Anbetung der Menschenmacht und von der Furcht vor der Macht der sterblichen Menschen.

Welt ohne Verheißung

Es ist schrecklich, wie dieser liebliche Vers auf einmal so fürchterlich weitergeht: »*Er wird zerschmettern die Fürsten der Moabiter und verstören alle Kinder des Getümmels.*« Man kann sich das Entsetzen des Balak vorstellen, als er diese Worte hörte. Er fürchtete sich ja so unheimlich vor dem Gott Israels. Und wenn er sicher auch die messianische Verheißung nicht verstand, die von dem »Stern aus Jakob« und dem »Zepter aus Israel« sprach, so hat er doch sicher die Worte über den Untergang seines Reiches verstanden.

»… zerschmettern die Fürsten der Moabiter …« Balak war König von Moab. Um ihn her standen seine »Fürsten«. Wie wird ihnen zumute gewesen sein, als sie dies hörten! Bileam nennt noch viele Stämme, die dem Gericht verfallen werden. Aber Moab nennt er zuerst. Nicht nur deshalb, weil die Moabiter um ihn standen, sondern darum, weil der Moabiterkönig mit dem Plan der Verfluchung Israels einen besonderen Hass gegen Gottes Volk gezeigt hatte. Der Herr sagt: »Wer euch antastet, der tastet meinen Augapfel an« (Sacharja 2,12).

»... die Fürsten der Moabiter ...« Manche Übersetzer erklären, die Stelle müsse so übersetzt werden: »Er wird zerschmettern Moab zu beiden Seiten.« Das heißt: Die Zerstörung geschieht von einem Ende bis zum andern. Das ist schrecklich! Gott ist ganz groß in Seinen Segnungen und in Seiner Errettung. Gott ist aber auch ganz groß in Seinen Gerichten.

»... alle Kinder des Getümmels ...« Das ist eine großartige Bezeichnung für die Welt, die sich von Gott gelöst hat. Es ist eine Welt voll Streit, Unruhe innen und außen, Getümmel und Friedelosigkeit. Von Seinem Volk aber sagt der Herr: »Mein Volk soll in Häusern des Friedens wohnen.«

17. Nichts gelernt

4.Mose 24,25: Und Bileam machte sich auf und zog hin und kam wieder an seinen Ort, und Balak zog seinen Weg.

Ein unbußfertiger König

Im Buch Josua wird von einer verkommenen Frau in Jericho erzählt. Sie hieß Rahab. Als die von der Macht Gottes erfuhr, hat sie ihr ganzes Heidentum und ihre Vergangenheit über Bord geworfen und sich zu dem lebendigen

Gott und zu Seinem Volk bekannt. Darum fand sie Gnade im Gericht, das über Jericho erging (Josua 6,20-25). Wenn doch der Balak so getan hätte! Statt dessen steht hier: »*Er zog seinen Weg.*« Er verschmähte den Weg Gottes und wählte seinen eigenen Weg. Er blieb bei der Feindschaft gegen Gottes Volk und beim Vertrauen auf seine Götzen. Er ist ein Denkmal schlimmer Unbußfertigkeit.

Es ist arg, wenn alle Mahnungen und Bezeugungen des lebendigen Gottes an einem Menschenherzen abprallen.

Ein unbußfertiger Prophet

Ich habe im Geist den Bileam gesehen, wie er auf seiner Eselin heimritt.

Auf große Ehren und Geschenke hatte er gehofft, als er dem Balak entgegenzog. Nun zog er mit leeren Händen nach Hause. Er ist nicht der erste und nicht der letzte, den die Welt grenzenlos enttäuscht hat.

Aber viel bedrückender war, dass er selbst eine große Enttäuschung war. Er war eine Enttäuschung für den Balak, weil der Herr ihm die Verfluchung Seines Volkes nicht erlaubt hatte. Und er war eine Enttäuschung für Gott, weil er mit seinem ganzen Unternehmen seinem Herrn große Schande bereitet hatte.

Das Allertraurigste aber ist seine geistliche innere Verfassung.

a) In dem Herzen des Bileam hätte nun ein gewaltiges Staunen sein müssen darüber, wie wundervoll sein Gott Sein Wort hält. Als die Geschichte losging, hatte der Herr zu Bileam gesagt: »Verfluche das Volk nicht, denn es ist gesegnet.« Und tatsächlich – Gottes Volk war gewaltig gesegnet worden. In einem Liedervers heißt es: »Gott hält sein Wort mit Freuden, / Und was er spricht, geschieht.« Ja, das hätte den Bileam mit Staunen erfüllen müssen. Aber davon hören wir nichts in unserm Text.

b) Und ebensowenig hören wir ein einziges Wörtlein der Buße. Hätte sein Herz jetzt nicht unablässig schreien müssen: »Herr, du hast mich vor diesem Weg gewarnt. Vergib mir, dass ich ihn gezogen bin! Vergib mir meinen Ungehorsam! Vergib mir meine Torheit!« Aber davon hören wir nicht ein Wort. Es steht schlimm um einen Menschen, der nicht mehr fähig ist zur Buße.

18. Wie geht das zu?

4.Mose 31,3-8: Da redete Mose mit dem Volk und sprach: Rüstet unter euch Leute zum Heer wider die Midianiter, dass sie den Herrn rächen an den

Midianitern, aus jeglichem Stamm tausend, dass ihr aus allen Stämmen Israels in das Heer schickt. Und sie nahmen aus den Tausenden Israels je tausend eines Stammes, zwölftausend gerüstet zum Heer. Und Mose schickte sie mit Pinehas, dem Sohn Eleasars, des Priesters, ins Heer und die heiligen Geräte und die Halldrommeten in seiner Hand. Und sie führten das Heer wider die Midianiter, wie der Herr dem Mose geboten hatte, und erwürgten alles, was männlich war. Dazu die Könige der Midianiter erwürgten sie samt ihren Erschlagenen, nämlich Evi, Rekem, Zur, Hur und Reba, die fünf Könige der Midianiter. Bileam, den Sohn Beors, erwürgten sie auch mit dem Schwert.

Ein schrecklicher Untergang

Nachdem wir so viel von Balak gehört haben, interessiert es uns, wie es mit ihm ausging. Das wird uns hier erzählt. Es ist eine schreckliche Geschichte. Der Gott, der gesagt hat: »Du sollst nicht töten!«, befiehlt Seinem Volk durch Mose, die Midianiter auszurotten. Wir stehen hier vor dem Geheimnis der Gerichte Gottes. Es steht uns nicht zu zu fragen: »Wie kann Gott so etwas Schreckliches tun?« Wir sollten nur erschrecken darüber, wie schrecklich der Gott sein kann, der sich uns in Jesus als liebreicher Vater anbietet.

»Irret euch nicht, Gott lässt sich nicht spotten; denn was der Mensch sät, das wird er ernten« (Galater 6,7).

Eine seltsame Tatsache

Aber nun kommt das, was unsere Verwunderung erregt. In dieser Untergangs-Geschichte taucht der Name des Bileam auf. Es heißt da: *»Bileam, den Sohn Beors, erwürgten sie auch mit dem Schwert.«* Wie geht das denn zu, dass Bileam mit den Midianitern und Moabitern umkommt? Wie kam denn der Bileam dahin? Wir haben doch gerade gehört, dass er »an seinen Ort gezogen« ist.

Nun, der Zusammenhang der Bibel lässt uns das verstehen. Offenbar ließ es ihm keine Ruhe, dass er – schlicht gesprochen – hereingefallen war. Statt großer Ehren hatte er vom heidnischen König Balak Schimpf und Schande mit nach Hause gebracht. Und nun überlegt er Tag und Nacht, wie er diese Scharte auswetzen könnte.

Da kam ihm eine teuflische Idee. Sie war darum teuflisch, weil sie sicher der Fürst der Finsternis ihm eingegeben hat. Wo man nicht mehr Buße tun kann, behält der Teufel das Feld.

Bileam ist glücklich über seine Idee. Sofort macht er sich wieder auf die Reise zum König

Balak und zu den Feinden des Volkes Gottes. Diesmal tritt ihm der Engel des Herrn nicht mehr in den Weg. Der Herr schickt ihm keine Warnungen mehr. Er gehört jetzt zu den Leuten, von denen das 1. Kapitel des Römerbriefes spricht: »Gott hat sie dahingegeben.« Hier sagt Paulus: Gottes Gericht kann darin bestehen, dass man sündigen muss.

»Gott hat sie dahingegeben in verkehrten Sinn, zu tun, was nicht taugt« (Römer 1,28).

Das ist das furchtbarste Gericht, das über einen Menschen kommen kann, dass Gott ihn einfach laufen lässt, dass Er ihn nicht mehr im Gewissen warnt, dass der Heilige Geist ihn nicht mehr mahnt.
So kommt Bileam zum König Balak. Die Bibel erzählt uns nichts darüber, wie der ihn aufgenommen hat. Aber wir können uns vorstellen, dass Balak zuerst sehr kühl und misstrauisch war. Doch dann entfaltete Bileam seine Idee. Da wurde Balak hellhörig. Da spitzte er die Ohren. Da wurde er herzlich gegen seinen »lieben Freund Bileam«.
Wir kommen im nächsten Abschnitt auf diese Idee, die Bileam dem Balak vorgetragen hat.

Jetzt wollen wir zunächst nur uns merken: Bileam hielt sich zu den Feinden des Volkes Gottes. Und darum kam er unter das Gericht Gottes. Wer sich zur Welt hält, wird mit der Welt verlorengehen. Das ist eine ernste Sache.

19. Der Rat Bileams

4.Mose 31,14-16: Und Mose ward zornig über die Hauptleute des Heers, die Hauptleute über tausend und über hundert waren, die aus dem Heer und Streit kamen, und sprach zu ihnen: Warum habt ihr alle Weiber leben lassen? Siehe, haben nicht dieselben die Kinder Israel durch Bileams Rat abwendig gemacht, dass sie sich versündigen am Herrn über dem Peor und eine Plage der Gemeinde des Herrn widerfuhr?

Die Idee Bileams

Hier hören wir, dass die Idee, die der Bileam dem Balak vorgetragen hat, in dem Gericht über die Moabiter und Midianiter eine große Rolle spielt. Sie wird »Bileams Rat« genannt. Aus dem, was die Bibel nun schildert, können wir entnehmen, welche Idee der Bileam dem Balak vortrug. Er wird etwa folgendermaßen geredet haben: »Lieber Balak! Obwohl du viel stärker gerüstet bist als das Volk Israel, graut dir vor ihm, weil du von den Taten seines starken Gottes gehört hast. Und du hast einen ganz richtigen Gedanken gehabt, als du dir sagtest: Man kann dieses Volk nur überwinden, wenn man einen Keil zwischen Israel und seinen Gott treibt. Wir haben versucht, durch Verfluchungen Israel von seinem Gott zu trennen. Damit sind wir gescheitert. Gott hat meinen Fluch in einen Segen verwandelt. Aber ich weiß, wie man dieses Volk von seinem starken Gott trennen kann: Man muss es zur Abgötterei verführen.«

An dieser Stelle hat Balak wahrscheinlich abgewinkt und gesagt: »Das ist doch gar nicht möglich. Solche Narren werden die doch nicht sein, dass sie die Hand ihres starken Gottes loslassen.«

Darauf hat Bileam feinsinnig gelächelt und erklärt: »Man darf das natürlich nicht so plump machen. Man muss ihnen zunächst einmal deutlich machen, dass sie sich doch nicht von allen Völkern isolieren dürfen. Das sieht ja nach Hochmut und Intoleranz aus. So muss man sie dazu bringen, dass sie sich von euch einladen lassen. Wenn ihr bei der Gelegenheit dann der Jugend des Volkes Gottes ein kleines Götzenfest vorführt und dabei recht das Gemeinsame betont und anschließend ein hübsches Trink- und Tanzfest veranstaltet, dann werden die schon Geschmack an eurem Heidentum bekommen.

Wenn dann die Älteren anfangen zu protestieren, dann müssen deine Leute etwas in der Richtung murmeln: Man braucht doch nicht so engherzig zu sein. Und: Ihr wäret ja auch bereit, einmal Israel zu besuchen. Und dann muss eure Jugend einen Gegenbesuch machen. Da müsst ihr dann mit großem Ernst den Gottesdienst Israels über euch ergehen lassen. So müssen langsam die Unterschiede verwischt werden zwischen der Gemeinde des Herrn und euch. Und so müsst ihr Schritt für Schritt den jungen Leuten von Israel Freude machen an dem lebenslustigen Heidentum. Ich sehe schon im Geiste, wie dann allmählich die strengen Zehn Gebote ungültig werden; wie das Volk Gottes weltoffen wird; wie es allmählich an euren Göttern Geschmack findet. Von da ist es nur noch ein kleiner Schritt in die Verachtung der Gebote Jehovas und ins Heidentum hinein.

Wenn ihr so weit seid, lieber Balak, dann habt ihr dies Volk von seinem Gott losgerissen. Und wenn es den starken Schutz seines Herrn nicht mehr hat, dann ist es leicht zu überwinden.«

Dieser teuflische Rat Bileams spielt in der Geschichte Israels eine große Rolle.

Balak greift die Idee auf

Der kluge Balak hat diesen Rat befolgt. Auf diesem Wege wurde Gottes Volk bis an den Rand des Abgrunds gebracht. Wir lesen 4.Mose 25,1f:

»Und Israel wohnte in Sittim. Und das Volk hob an zu huren mit der Moabiter Töchtern, welche luden das Volk zum Opfer ihrer Götter. Und das Volk aß und betete ihre Götter an.«

Es trat auch die von Balak gewollte Wirkung ein. Der starke Herr, der Sein Volk aus Ägyptenland geführt und ihm einen Weg durch die Fluten des Roten Meeres gebahnt hatte, der Herr, der Seinem Volk in der Wüste Wasser und Brot geschenkt hatte, der Herr, der Sein Volk auf Adlersflügeln getragen hatte, – dieser Herr wandte sich nun gegen Sein Volk. 4.Mose 25,3 wird uns berichtet:

»Und Israel hängte sich an den Baal-Peor. Da ergrimmte des Herrn Zorn über Israel.«

Wie die Gefahr abgewendet wurde

Das Gottesvolk zur Zeit Bileams hätte sich in

der heidnischen Völkerwelt verloren, wenn Gott nicht zwei Männer erweckt hätte, die unheimlich radikal eingriffen. Der erste war Mose, der zweite Pinehas. Man lese die Geschichten nach in

   4. Mose 25,4 und 5
   4. Mose 25,6-13

Durch die von Gott erweckten Männer wurde Gottes Volk aus der Verfallenheit an die Welt zurückgerissen und wieder in die Schranken Gottes gebracht. So ging Israel nicht unter. Unter gingen aber der Ratgeber Bileam und die, die seinem Rat folgten. Dass der Untergang Bileams als ein Strafgericht Gottes in Israel tiefen Eindruck machte, sehen wir daraus, dass die Geschichte so nachdrücklich erwähnt wird. 4.Mose 31,8 wird uns berichtet: »Bileam, den Sohn Beors, erwürgten sie auch mit dem Schwert.«
Und noch einmal ist von dem Untergang Bileams die Rede. Als Josua nach dem Einzug ins Gelobte Land alt geworden war, hält ihm der Herr alle Taten vor, die Er, der Herr, unter Seinem Volk getan hat. Da finden wir in Josua 13,22 den Satz: »Auch Bileam, den Sohn Beors, den Weissager, erwürgten die Kinder Israels mit dem Schwert samt den Erschlagenen.«

20. Die beständige Gefahr für die Gemeinde Jesu Christi

Offenbar ist es nun so, dass der Rat Bileams zu allen Zeiten für das erwählte und erkaufte Volk Gottes eine besondere Gefahr bedeutet. Es ist doch auffällig, dass durch die ganze Bibel hindurch immer und immer wieder von Bileam die Rede ist. Wir wollen jetzt nicht die Stellen nennen, in denen die Apostel – ohne den Bileam zu erwähnen – vor der Vermischung mit der Welt warnen. Sondern wir wollen durch die Bibel die späteren Stellen verfolgen, in denen von Bileam und seinem teuflischen Plan die Rede ist.

Im 5. Buch Mose (23,5) fasst Mose noch einmal alle Ermahnungen an Israel zusammen. Er sagt:

»Die Moabiter sollen nicht in die Gemeinde des Herrn kommen, weil sie wider euch dingten Bileam, den Sohn Beors.«

Im Buch Josua ist von Bileams Rat die Rede. Zehn Stämme hatten die Sorge, dass zwei Stämme, die im Ostjordanland gesiedelt hatten, vom Herrn abfallen könnten. Da schicken sie Boten zu ihnen und lassen ihnen sagen (22,17):

»Ist's uns zu wenig an der Missetat über dem Peor, von welcher wir noch auf diesen Tag nicht gereinigt sind und kam eine Plage unter die Gemeinde des Herrn?«

Als Jahrhunderte später Israel aus der Babylonischen Gefangenschaft zurückgekommen war und Nehemia unter dem Volke wirkte, ist Bileam noch nicht vergessen. Nehemia 13 lesen wir:

»Die Moabiter sollen nimmermehr in die Gemeinde Gottes kommen, weil sie dingten wider sie Bileam, dass er sie verfluchen sollte. Aber unser Gott wandte den Fluch in einen Segen.«

Auch im Psalmbuch finden wir die Erinnerung an die Bileam-Geschichte. Psalm 106,28-30:

»Und sie hingen sich an den Baal-Peor und aßen von den Opfern der toten Götzen und erzürnten ihn mit ihrem Tun; da brach auch die Plage unter sie. Da trat Pinehas herzu und schlichtete die Sache; da ward der Plage gesteuert.«

Sogar im Neuen Testament begegnen wir immer wieder dem Bileam. In 1.Korinther 10 sagt der Apostel Paulus, dass die Geschichte des alttestamentlichen Gottesvolkes Vorbild und Warnung für die neutestamentliche Gemeinde sei (Vers 11). In dem Zusammenhang berichtet er kurz über den mancherlei Abfall Israels. Und da lesen wir Vers 8:

»Auch lasst uns nicht Hurerei treiben, wie etliche unter jenen Hurerei trieben.«

Wiederum begegnet uns Bileam im 2. Petrusbrief. Da spricht der Apostel Petrus von den Christen, die sich an die Welt verloren haben.

»Sie haben verlassen den richtigen Weg und gehen irre und folgen nach dem Wege Bileams, des Sohnes Beors, welcher liebte den Lohn der Ungerechtigkeit, hatte aber eine Strafe seiner Übertretung: das stumme lastbare Tier redete mit Menschenstimme und wehrte des Propheten Torheit« (2.Petrus 2,15.16).

In dem Brief des Judas (Vers 11) ist die Rede von Verführern, die sich in die Gemeinde »nebeneingeschlichen« haben.

»Sie ziehen die Gnade unseres Gottes auf

Mutwillen ... Sie fallen in den Irrtum des Bileam.«

Und sogar im letzten Buch der Bibel, in der Offenbarung, begegnen wir noch einmal dem Bileam. Da lässt der erhöhte Herr an die tapfere Märtyrergemeinde in Pergamon schreiben (2,14):

> »Du hast daselbst Leute, die an der Lehre Bileams halten, welcher lehrte den Balak, ein Ärgernis aufrichten vor den Kindern Israels, zu essen Götzenopfer und Hurerei zu treiben.«

Deutlicher kann die Schrift uns wohl nicht sagen, dass die Gemeinde Jesu in dieser Welt aus »Fremdlingen und Pilgrimen« besteht, die zum ewigen Vaterland reisen, und dass es für die Gemeinde Jesu keine größere Gefahr gibt als das Bündnis mit den Moabitern und Midianitern in dieser Welt.

> *»Folge nicht, folge nicht,*
> *Zion, folge nicht der Welt,*
> *Die dich suchet groß zu machen;*
> *Achte nichts ihr Gut und Geld,*
> *Nichts ihr Locken, nichts ihr Lachen:*

Zion, wenn sie dir viel Lust verspricht:
Folge nicht!

Halte aus, halte aus,
Zion, halte deine Treu,
Lass doch ja nicht lau dich finden.
Auf, das Kleinod rückt herbei;
Auf, verlasse, was dahinten!
Zion, in dem letzten Kampf und Strauß
Halte aus!«

Josaphat

Wir wissen nichts über die Kindheit dieses Josaphat. Wir lernen ihn kennen in dem Augenblick, da sein Vater Asa stirbt und er König in Juda wird. Das Volk des Alten Bundes war in jener Zeit geteilt: im Norden das Reich Israel mit der Hauptstadt Samaria, im Süden das Königreich Juda. Hier war Jerusalem die Hauptstadt, in welcher der Tempel Gottes stand. Josaphat herrschte als König in Juda.

1. Von Gott bestätigt

2.Chronik 17,1-5: Und sein Sohn Josaphat ward König an seiner Statt und ward mächtig wider Israel. Und er legte Kriegsvolk in alle festen Städte Judas und setzte Amtleute im Lande Juda und in den Städten Ephraims, die sein Vater Asa gewonnen hatte. Und der Herr war mit Josaphat; denn er wandelte in den vorigen Wegen seines Vaters David und suchte nicht die Baalim, sondern den Gott seines Vaters, und wandelte in seinen Geboten und nicht nach den Werken Israels. Darum bestätigte ihm der Herr das Königreich; und ganz Juda gab Josaphat Geschenke, und er hatte Reichtum und Ehre die Menge.

Der Name

Josaphat heißt zu deutsch: »Der Herr hat gerichtet.« Ohne dass dieser Mann es weiß, trägt er einen Namen, in dem das ganze Evangelium enthalten ist. Das ist der Glaube der Kinder Gottes: Gott hat meine Sünde gerichtet - in Jesus am Kreuz auf Golgatha. »Die Strafe liegt auf ihm, auf dass wir Frieden hätten.«

Es ist wunderbar, wie das Alte Testament voll ist mit offenen und heimlichen Hinweisen auf das Heil Gottes in Jesus Christus. Wenn die ersten Christen, die ja das Neue Testament noch nicht besaßen, das Alte Testament lasen, dann forschten sie sicher mit großer Freude und Begier nach diesen Hinweisen. Jesus hat gesagt, dass die Schrift des Alten Testaments von Ihm zeuge. Wir haben also nicht nur das Recht, sondern es ist unsere Aufgabe, all diesen Hinweisen nachzuforschen. Das wollen wir auch gleich im nächsten Punkt tun.

Er erbt das Reich

Josaphat hat das Reich nicht gegründet. Das haben seine Vorväter David und Salomo getan. Und auch von seinem Vater Asa wird in unserem Text berichtet, dass er »Städte gewonnen« habe.

Dieses Reich, das er nicht erbaut hat, erbt Josaphat. Das ist uns »zur Lehre geschrieben«, denn die Kinder des Neuen Bundes haben auch ein Reich geerbt: das Reich Gottes. Josaphat ererbte das Reich durch den Tod seines Vaters Asa. Die Kinder Gottes des Neuen Bundes ererben das Reich durch den Tod ihres Heilandes Jesus Christus.

Der Herr bestätigt ihm das Reich

Ja, so steht es hier – ein merkwürdiger Satz: *»Darum bestätigte ihm der Herr das Königreich.«* Wie geschah das? Wie sah dies »Bestätigen« aus? Ich bin überzeugt, dass dem Josaphat eine große innere Gewissheit geschenkt wurde.
Es ist seltsam und wichtig, wie es in der Bibel immer wieder betont wird, dass unserem gläubigen Zugreifen diese »Bestätigung« Gottes geschenkt wird. Im Neuen Testament nennt Paulus dies die »Versiegelung durch den Heiligen Geist«.

Er suchte Gott

Das Nordreich war tief im Heidentum versunken, verführt durch mächtige, aber abgöttische Könige. Gegen dies traurige Bild hebt sich das des jungen Königs Josaphat hell ab. *»Er suchte den Gott seines Vaters. «*
Es ist nicht ein Suchen gemeint nach etwas, das man verloren hat. Nein, Josaphat kannte den Herrn und liebte Ihn von ganzem Herzen. Er »suchte ihn auf« – so würden wir wohl

deutlicher sagen. Er besprach seine Pläne und Anliegen und auch seine Verschuldungen mit Gott. Da der Herr derselbe ist – gestern, heute und in Ewigkeit – dürfen auch wir Sein Angesicht suchen.

»Der Herr war mit Josaphat«

Welch ein Satz ist das! Was könnte man wohl von einem Menschen Größeres sagen! Ist der Herr mit uns, dann sprechen wir mit Paulus (Römer 5,33.34):

> »Wer will die Auserwählten Gottes beschuldigen? Gott ist hier, der gerecht macht. Wer will verdammen? Christus ist hier, der gestorben ist, ja vielmehr, der auch auferweckt ist, welcher ist zur Rechten Gottes und vertritt uns.«

Josaphat wusste um den gesegneten Zusammenhang mit den Vätern des Glaubens

»Er wandelte in den vorigen Wegen seines Vaters David.« David war für den jungen König wie ein »Vater im Glauben«. Sicher hat er begierig zugehört, wenn von David die Rede war. Sein Herz schlug höher, wenn er von Davids Sieg über Goliath hörte und wenn er lernte, wie man im Glauben stark wird. Es packte ihn, wenn er

hörte, wie der Herr den David vor den Nachstellungen des Saul rettete. Und er gewann Vertrauen zu diesem herrlichen Herrn. Sicher hörte er auch von Davids Fall und Buße. Und er lernte, dass die Arme des Herrn offenstehen für ein zerschlagenes Herz, das Vergebung der Sünden sucht. Kurz: an der Geschichte seines Vorfahren David erstarkte sein Glaube.

In unserem Text steht: »*Er suchte nicht die Baalim, sondern den Gott seines Vaters.*« Und damit ist der leibliche Vater des Josaphat, Asa, gemeint. Das ist besonders ergreifend. Denn von dem Vater, dem König Asa, hören wir, dass er – nach einem herrlichen Glaubenslauf – im Alter noch ein kümmerliches Wesen annahm. Seine herrische Natur brach durch und verführte ihn. Es ist fein, dass Josaphat nur der herrlichen Glaubenstaten seines Vaters gedachte. Denen wollte er nacheifern.

Josaphat also wusste, dass vor ihm schon Streiter Gottes dagewesen waren. Und von denen lernte er. Er wollte in diese Segensreihe hineingehören.

Man findet oft junge Christen, die so tun, als finge mit ihnen erst das Reich Gottes an. Wir stehen auf den Schultern derer, die vor uns gewesen sind. Der Schreiber des Hebräerbriefes mahnt (13,7):

»Gedenket an eure Lehrer, die euch das Wort Gottes gesagt haben: ihr Ende schauet an und folget ihrem Glauben nach«

Gott gibt Weisheit im Irdischen

Unser Abschnitt zeigt uns, dass der junge König sehr sorgfältig und klug regierte: Er schützt die Städte Judas mit Kriegsvolk und schafft durch Amtleute ein gutes Regiment.
Es ist schlimm, wenn Christen in irdischen Aufgaben versagen. Je mehr wir einen himmlischen Sinn bekommen, desto treuer sollten wir in unseren irdischen Aufgaben sein. Wenn wir auch nicht Könige sind, so ist uns doch auch das Wohl unserer Familie, unserer Stadt und unseres Landes anvertraut. Und dazu braucht es Weisheit. Wie tröstlich ist das Wort aus dem Jakobusbrief (1,5):

»So jemand Weisheit mangelt, der bitte Gott, der da gibt einfältig jedermann und rücket's niemand auf, so wird sie ihm gegeben werden.«

Der Herr gibt Gnade und Ehre

Im 84. Psalm steht das Wort: »Der Herr gibt Gnade und Ehre.« Das erfuhr Josaphat. »*Er hatte Reichtum und Ehre die Menge.*«

Auf welch herrlichen Höhenwegen durfte dieser junge König nun gehen! Man konnte zu ihm sagen, wie es in einem Psalm steht: »Ihr seid die Gesegneten des Herrn!«

2. Mutig in den Wegen des Herrn

2.Chronik 17,6-9: Und da sein Herz mutig ward in den Wegen des Herrn, tat er fürder ab die Höhen und Ascherabilder aus Juda. Im dritten Jahr seines Königreichs sandte er seine Fürsten Ben-Hail, Obadja, Sacharja, Nathanael und Michaja, dass sie lehren sollten in den Städten Judas; und mit ihnen die Leviten Semaja, Nethanja, Sebadja, Asael, Semiramoth, Jonathan, Adonia, Tobia und Tob-Adonia; und mit ihnen die Priester Elisama und Joram. Und sie lehrten in Juda, und hatten das Gesetzbuch des Herrn mit sich und zogen umher in allen Städten Judas und lehrten das Volk.

Der Glaubensmut wächst

Die ersten Glaubensschritte hat er gewiss nur zaghaft getan. In den letzten Regierungsjahren seines Vaters Asa waren die »Stillen im Lande« verachtet und unterdrückt worden. »Gewiss!« hieß es, »wir glauben ja auch an Gott. Aber man soll es mit der Religion doch nicht übertreiben. Leben und leben lassen!« Und so ließ man alles Leben – auch den heimlichen und oft sehr offenen Götzendienst. Nur die »Stillen im Lande« ließ man nicht gern leben. Da war es für Josaphat, der noch sehr jung war und so allein stand, nicht leicht, »zu wandeln in den Wegen des Herrn«.

Und dann war da das Nordreich Israel. Dort hatte man aus politischen Gründen sich dem Geist der umwohnenden Völker geöffnet. War es für den König Josaphat wirklich nützlich, wenn er sich nun wieder auf die »Wege Davids« (Vers 3) begab? Kam er dadurch nicht sofort in eine gefährliche Isolierung?

Diese Überlegungen werden dem jungen König gewiss von allen Seiten vorgetragen worden sein. Und man kann verstehen, dass er die ersten Glaubensschritte nur zaghaft getan hat. Doch nun durfte er erleben, dass unser Herr sich zu denen bekennt, die sich zu Ihm bekennen. Jetzt wurde er »*mutig in den Wegen des Herrn*«. Was ist das doch für ein wundervoller Satz!

Man merkte es in Juda, wie entschlossen der König war, den Weg Gottes zu gehen. Er konnte jetzt nämlich nicht mehr schweigen zu dem Götzendienst, der sich im Lande breitgemacht hatte. Es klingt so einfach: »*Er tat die Götzenbilder ab.*« Aber war es wirklich einfach? Ich glaube es nicht. Es gibt eine Macht der Finsternis. Die wehrt sich, wenn ihre Positionen angegriffen werden.

So wird ganz gewiss allerlei Widerstand aufgebrochen sein. Der junge König musste ringen um die Seelen derer, die ihm anvertraut waren. Und dabei handelte er nun wirklich geistlich und in göttlicher Weisheit. Davon ist im Folgenden die Rede.

»... viel Knechte, die in treuer Arbeit stehn ...«

Josaphat sandte fünf Fürsten, neun Leviten und zwei Priester aus, die mit dem Wort Gottes in der Hand das Volk unterwiesen.

Ich kenne christliche Eltern, die ihre Kinder nur mit Verboten und Warnungen zu Christen machen wollen. Das gelingt nicht. Wer die Finsternis vertreiben will, darf nicht in die Dunkelheit hineinschlagen. Er muss Licht in das dunkle Zimmer bringen. Dann wird es hell. Wo man Lust zum Wort Gottes weckt und Freude am Herrn lehrt, da ist es leicht, die Ascherabilder abzutun.

Der Josaphat hat also nicht nur negativ gegen die Götzenbilder Stellung genommen, sondern er hat sehr positiv das Wort Gottes verkündigen lassen. Er hat Licht in die Dunkelheit gebracht.

Wo Gottes Wort lauter und rein verkündigt wird, da halten es die Mächte der Finsternis nicht lange aus.

»*Er sandte seine Fürsten Ben-Hail ... und mit ihnen die Leviten Semaja ... und mit ihnen die Priester Elisama und Joram.*« Im Blick auf die Menge der »*Fürsten, Leviten und Priester*« war das nur eine kleine Mannschaft. Ich bin überzeugt, dass Josaphat eine größere Schar ausgesandt hätte, wenn geeignete Leute dagewesen wären. Diese 16 Menschen aber waren ergriffen von der Erweckung. Darum waren sie geeignet zum Dienst.

Daran sehen wir, wie es bei Erweckungen zugeht. Zuerst der eine, dann ein kleiner Kreis – und dann geht das Feuer Gottes hinaus und ergreift die vielen. Wenn nur erst der eine anfängt! Sollten wir dies nicht hören als einen Ruf Gottes an unser Herz?

Was war das nun für eine Gnadenzeit in Juda! Fürsten, Leviten und Priester zogen durchs Land, von Stadt zu Stadt und von Dorf zu Dorf, und hielten Bibelstunden. Sie brachten nicht ihre religiösen Fündlein vor – sie hielten nicht geistvolle Vorträge. Es steht ausdrücklich in unserem Text: »*Sie hatten das Gesetzbuch des Herrn mit sich.*« Sie hielten sich an die Bibel.

3. Ein gesegneter Mann

2.Chronik 17,10-13: *Und es kam die Furcht des Herrn über alle Königreiche in den Landen, die um Juda her lagen, dass sie nicht stritten wider Josaphat. Und die Philister brachten Josaphat Geschenke, eine Last Silber; und die Araber brachten ihm 7700 Widder und 7700 Böcke. Also nahm Josaphat zu und ward immer größer; und er baute in Juda Burgen und Kornstädte und hatte viel Vorrat in den Städten Judas und streitbare Männer und gewaltige Leute zu Jerusalem.*

Unter der starken Hand

Der Herr Jesus hat zu Seinen Jüngern gesagt: »Siehe, ich sende euch wie Schafe mitten unter die Wölfe.« Das ist normalerweise die Stellung des Volkes Gottes in der Welt. Es lebt nur wie ein Wunder durch die starke Hand seines Herrn. Wenn Er aber um des Ungehorsams der Seinen willen die Hand abzieht, ist Gottes Volk verloren.

Die Gemeinde des Herrn lebt in dieser Welt in der Fremdlingschaft. Und weil sie völlig ohnmächtig ist, ist sie eigentlich immer verloren. Aber weil der Herr in ihrer Mitte ist, lebt sie.

Und nun ist eine ganz besondere Gnade des Herrn, wenn Er ihr dadurch Frieden verschafft, dass die »*Furcht des Herrn*« alle Feinde des Volkes Gottes niederhält.

Als die Ägypter versuchten, durch das Rote Meer dem Volk Gottes nachzujagen, »machte der Herr einen Schrecken in ihrem Heer«. Und auch die erste Gemeinde in Jerusalem erlebte eine solch merkwürdige Zeit. Es heißt in der Apostelgeschichte: »Der andern wagte keiner, sich zu ihnen zu tun, sondern das Volk hielt groß von ihnen.«

Dies seltsame Wirken Gottes an den Feinden der Gemeinde durfte also auch der fromme junge König Josaphat erleben. Das kleine Juda war unter all den heidnischen Ländern wie eine kleine Schafherde unter Wölfen. Es war wie bei Daniel in der Löwengrube: »Der Herr hielt den Löwen den Rachen zu.«

»Er schenket mir voll ein«

»*Und die Philister brachten ... und die Araber brachten ...*« Das muss eine Überraschung für den König gewesen sein, als er erfuhr: Die Feinde lassen mich nicht nur in Ruhe, sondern sie bringen mir Tribut und Geschenke.

Wenn unser Herr uns segnet, dann segnet Er großartig. Im 23. Psalm rühmt David: »Du schenkest mir voll ein.« Alle Kinder Gottes kennen solche lieblichen Zeiten, wo der Herr sie auch mit äußeren Gütern segnet und sie in Haus und Beruf erfahren lässt: »Du schenkest mir voll ein.«

Allerdings haben solche Zeiten ihre besonderen Gefahren. 5.Mose 8 heißt es: »... du möchtest sagen in deinem Herzen: Meine Kräfte und meiner Hände Stärke haben mir dies Vermögen ausgerichtet ... gedenke an den Herrn, deinen Gott, denn er ist's, der dir Kräfte gibt.« Darum sagt der Apostel Paulus im Römerbrief: »Weißt du nicht, dass Gottes Güte dich zur Buße leitet?«

Hier also erlebt Josaphat eine besondere Freudenzeit. Sichtbar ist der Herr mit ihm. Als die Delegationen der heidnischen Länder in Jerusalem eintrafen, war es noch einmal ein wenig so wie zu den Zeiten des herrlichen Königs Salomo.

Im Lukas-Evangelium steht als einziges Wort über die Kindheit Jesu: »Er fand Gnade bei Gott und den Menschen.« Gnade bei Gott und den Menschen! Wir wissen, dass es nicht immer so geblieben ist; dass Jesus am Ende von den Menschen verworfen und gekreuzigt wurde. Und so wird es auch bei den Kindern Gottes ein Ausnahmezustand sein, wenn sie Gnade bei den Menschen finden. Am Ende werden sie doch immer wieder ihre »Fremdlingschaft« spüren müssen. Aber es ist eine besondere Freundlichkeit Gottes, wenn wir solche Zeiten erfahren dürfen, wo wir Gnade bei Gott und den Menschen finden. Wenn dann die Gnade bei den Menschen eines Tages verschwindet, so bleibt dem Volke Gottes doch immer und ewig die Gnade bei Gott, die Er uns in Jesus geschenkt hat.

4. »Rüstet euch, ihr Christenleute ...«

2.Chronik 17,14-19: Und dies war die Ordnung nach ihren Vaterhäusern: in Juda waren Oberste über tausend: Adna, ein Oberster, und mit ihm waren 300.000 gewaltige Männer; neben ihm war Johanan, der Oberste, und mit ihm waren 280.000; neben ihm war Amasja, der Sohn Sichris, der Freiwillige des Herrn, und mit ihm waren 200.000 gewaltige Männer; – und von den Kindern Benjamin war Eljada, ein gewaltiger Mann, und mit ihm waren 200.000, die mit Bogen und Schild gerüstet waren; neben ihm war Josabad, und mit ihm waren 180.000 Gerüstete zum Heer. Diese dienten alle dem König, außer denen, die der König noch gelegt hatte in die festen Städte im ganzen Juda.

Gottes Volk muss mit Kampf rechnen

Immer wieder muss man darauf hinweisen:

Im Neuen Testament wird uns gesagt, dass alles, was im Alten Testament steht, der neutestamentlichen Jesusgemeinde zum Vorbild und zur Lehre gesagt ist. Wenn wir es hier in der Josaphat-Geschichte mit irgendeinem Rüstungsbericht des Vorderen Orient zu tun hätten, wäre die Sache höchstens für Geschichtsforscher interessant. Aber Juda und Israel sind Gottes Volk im Alten Bund. Und alles, was dies Gottesvolk erlebte, ist uns zum Vorbild, zur Lehre und zur Mahnung gesagt.

Josaphat hatte eine herrliche Friedenszeit erlebt. Doch er wusste genau, dass diese Friedenszeit nicht immer anhalten würde. Er rechnete damit, dass Kämpfe kommen würden. Darauf stellte er sich ein.

Mit Kämpfen müssen auch die Jesusleute rechnen. Es kann sein, dass Gott ihnen liebliche Friedenszeiten schenkt, wo die Anfechtungen von innen und außen schweigen. Aber das Neue Testament sagt uns deutlich, dass der Feind nicht immer ruht. Epheser 6,12 heißt es:

»Wir haben nicht mit Fleisch und Blut zu kämpfen, sondern mit Fürsten und Gewaltigen, nämlich mit den Herren der Welt, die in der Finsternis dieser Welt herrschen, mit den bösen Geistern unter dem Himmel.«

Es ist schlimm, wenn Gottes Volk das vergisst und die »Ruhe des Volkes Gottes«, von der im vierten Kapitel des Hebräerbriefes Herrliches und Wichtiges zu lesen ist, hier schon vorwegnehmen will.

In unserem Jugendkreis singen wir gern das Lied:

»Streiter Christi, frisch voran,
Zieht die volle Rüstung an,
Helm und Panzer, jedes Stück,
Sonst wirft euch der Feind zurück.«

Dieses Lied ist darum besonders schön, weil im letzten Vers so deutlich gesagt wird: Wir kämpfen nicht verbissen, sondern im Glauben:

»… längst entschieden ist der Krieg,
Unsers Gottes ist der Sieg. «

Es gibt »gewaltige Männer«

Mehrmals finden wir in dem Bericht das Wort *»gewaltige Männer«*. Man könnte es auch übersetzen mit »tapfere Männer«. Aber Luther hat mit seiner Übersetzung gewiss das getroffen, was gemeint ist.

Dies Wort hat mich beunruhigt. Denn wenn

wir heute die Gemeinde Jesu ansehen, dann muss man an das Wort von Spurgeon denken: »Es fliegen keine Adler mehr durch den Kirchenhimmel.« Hier aber waren »Adler«.
In Römer 8,30c heißt es:

> »Welche er aber hat gerecht gemacht, die hat er auch herrlich gemacht.«

Ich besitze einen Schrank voll mit Lebensbeschreibungen von Menschen, die Gott gebraucht hat zum Dienst. Das waren *»gewaltige Leute«*. – Wir wollen nun fragen: Wie steht es mit uns? Sind wir das geworden, was der Herr mit uns vorhatte, als Er uns berief?
Es gibt so viele Gotteskinder, die sich nur von einem Tag zum anderen notdürftig durchschlagen. Gewiss, es ist ein Zeichen für die Größe der Gnade, dass sie für jeden Tag ausreicht. Doch ich glaube, der Herr hat mehr mit uns vor. Er will uns zum Segen setzen für andere Menschen, die Ihn noch nicht kennen. Wir sollen nicht am Boden kriechen, sondern: »Die auf den Herrn harren, sollen auffahren mit Flügeln wie Adler.« Wir sollten nicht nur die Vergebung rühmen können, sondern auch wissen vom Sieg über die Sünde.

5. Wohin steuerst du, Josaphat?

2.Chronik 18,1-3: Und Josaphat hatte große Reichtümer und Ehre und verschwägerte sich mit Ahab. Und nach etlichen Jahren zog er hinab zu Ahab gen Samaria. Und Ahab ließ für ihn und für das Volk, das bei ihm war, viel Schafe und Ochsen schlachten. Und er beredete ihn, dass er hinauf gen Ramoth in Gilead zöge. Und Ahab, der König Israels, sprach zu Josaphat, dem König Judas: Zieh mit mir gen Ramoth in Gilead! Er sprach zu ihm: Ich bin wie du, und mein Volk wie dein Volk; wir wollen mit dir in den Streit.

Eine falsche Weichenstellung

»*Und Josaphat hatte große Reichtümer und Ehre.*« Das alles hatte er nicht durch seine eigene Macht oder Weisheit gewonnen. Es war die Frucht dessen, was uns vorher erzählt wird: »*Der Herr war mit Josaphat.*« Das musste sein Herz dankbar und demütig machen. Statt dessen aber erhob sich sein Herz, dass er nicht mehr einfältig als treuer Diener seines Gottes seinem Land dienen wollte. Jetzt zog es ihn, mitzumachen bei dem Spiel aller gottlosen Könige um die Macht.

»*Er verschwägerte sich mit Ahab*«, dem König des Nordreiches Israel. Die Verschwägerung kam so zustande, dass sein Sohn Joram die Tochter Ahabs, Athalja, zur Frau nahm. Das gab sicher eine großartige Hochzeit.

Wenn doch Josaphat hätte in die Zukunft sehen können! Dann wäre er entsetzt gewesen darüber, welch ein furchtbares Unheil durch diese gottlose Athalja über sein Haus kommen sollte. Lesen Sie dazu 2.Chronik 22,10!

»*Er verschwägerte sich mit Ahab.*« Zwei Königshäuser vollzogen eine politische Vermählung. Das Sätzlein sieht so harmlos aus. Aber es ist gar nicht harmlos. Josaphat wusste ja, dass er nicht irgendein König war, sondern dass ihn Gott mit dem Königtum über Gottes Volk betraut hatte. Durfte er als Knecht des geoffenbarten Gottes, als ein Gesegneter des Herrn, sich so mit einem abgöttischen König verbinden?

Wir wissen aus der Bibel zur Genüge, welch ein Feind Gottes dieser Ahab war. Und mit diesem fürchterlichen Mann verschwägerte sich der fromme Josaphat. Eine Tochter aus diesem abgöttischen Hause holte er in seine Familie!

Der Josaphat kam zu Fall an einem Problem, das für Gotteskinder nicht leicht zu meistern ist. Es geht um die Frage: »Wie stelle ich mich zu den Ungläubigen und Gottlosen?« Im zweiten Brief an die Gemeinde in Korinth hat Paulus voll Heiligen Geistes diese Frage erörtert. Er ermahnte die Gemeinde (2.Korinther 6,14-18):

»Ziehet nicht am fremden Joch mit den Ungläubigen!«

Da lag nun der Fehler des Josaphat. Er zog von jetzt ab lange Zeit »an einem Joch« mit dem ungläubigen König Ahab. Und dabei musste er erfahren, dass bei solch einem Gespann der ungläubige Teil die Richtung angibt.
Es ist keine Frage: Hundert gute Gründe, politische und wirtschaftliche, sprachen für dieses Bündnis mit dem starken König Ahab. Und nur ein einziger Grund sprach dagegen: Gott will es nicht! Dieser eine einzige Grund muss unser Handeln bestimmen. Der klare Wille unsres himmlischen Herrn gilt mehr als tausend Vernunftgründe.

Ein Staatsbesuch

»... *und er zog hinab zu Ahab.*« Josaphat zog offenbar mit großem Gepränge nach der Königsstadt Samaria, wo König Ahab regierte. Denn hier ist die Rede von dem »*Volk, das bei Josaphat war*«, für das man »*viele Schafe und Ochsen schlachten*« musste.
Es ging da sicher hoch her. Und Ahab hat es

gewiss nicht fehlen lassen an Festen und Gastmählern, an Tänzerinnen und Freudentrubel. Der Geist dieser Feste war im Hause Ahabs bestimmt von dem Götzendienst. Das war ein unzüchtiger und leichtfertiger Geist. Josaphat hätte ja blind sein müssen, wenn er das nicht gemerkt hätte. Die Bibel sagt uns kein Wort darüber, ob er sich in dieser Umgebung wohlfühlte. Aber wenn wir uns diese Feste im Geist vorstellen, dann möchten wir rufen: »O du Gotteskind! Was machst du an diesem unseligen Königshof?!« Genauso möchte man den Petrus fragen, der am Abend des Gründonnerstag im Hof des hohenpriesterlichen Palastes saß: »O du Jesusjünger! Was hast denn du bei den gottlosen Kriegsknechten zu schaffen?!« Und so muss man manchen Christen unserer Tage fragen, der bei Betriebsfesten, beim Karneval oder anderen derartigen Unternehmungen fröhlich mitschwimmt: »Meinst du, du könntest das tun, ohne Schaden zu nehmen an deiner Seele?!«

Es ist heute Mode geworden, laut zu rufen: »Die Christen gehören in die Welt hinein!« Nun, wir stehen ja mitten drin und können »die Welt nicht räumen«. Aber wir stehen in dieser Welt als »Fremdlinge und Pilgrime«. Und ein Josaphat gehört nicht nach Samaria, wenn er nicht Schaden leiden will. Ein Petrus darf nicht unter den Kriegsknechten sitzen, wenn er nicht zu Fall kommen will. Sie kamen zu Fall, der Josaphat und der Petrus – und viele nach ihnen, die sich zu sicher dünkten.

Die Verführung

»*Und er beredete ihn, dass er hinauf nach Ramoth in Gilead zöge.*« Wo Luther »beredet« übersetzt, steht im hebräischen Urtext ein viel stärkeres Wort. Es bedeutet »verführen«. Es kommt z.B. in der Lebensgeschichte des Ahab in den Königsbüchern vor. Dort heißt es: »Es war niemand, der sich so gar verkauft hätte, übel zu tun vor dem Herrn, wie Ahab. Denn sein Weib Isebel überredete – verführte – verlockte – ihn also.«

So verführte, verlockte und überredete hier nun der Ahab den Josaphat, sich an seinen ungerechten und unnötigen blutigen Kriegszügen zu beteiligen.

Der erste Schritt zum Schlimmen war, dass Josaphat sich mit Ahab verschwägerte. Der zweite Schritt war, dass er nach Samaria zog und das Bündnis feierte. Nun wird der dritte Schritt getan: Josaphat lässt sich verführen, teilzuhaben an den bösen Werken des Ahab. Der Schritt in den Abgrund beginnt mit klugen Werken der Vernunft. Und dann kommt die

Verführung. Dies Wort »Verführung« lässt uns ahnen, dass hier »die alte Schlange« am Werk ist. Denn seit Adams und Evas Sündenfall ist das »Verführen« und »Überreden« das eigentliche Geschäft Satans.

Ein leichtsinniges Versprechen

»Ich bin wie du, und mein Volk wie dein Volk; wir wollen mit dir in den Streit.« Wie schauerlich! Welch ein Abfall! *»Ich bin wie du«*, sagt er. War der Segen Gottes nicht deswegen bisher mit ihm gewesen, weil er gerade ganz anders war als dieser gottlose Ahab?

Josaphats Wort erinnert an das Wort der heidnischen Ruth, die zu ihrer frommen Schwiegermutter sagte: »Wo du hingehst, da will ich auch hingehen; wo du bleibst, da bleibe ich auch. Dein Volk ist mein Volk, und dein Gott ist mein Gott.« Hier trat die Heidenfrau Ruth auf die Seite des Volkes Gottes. In Josaphats Wort aber tritt ein Gotteskind auf die Seite der Gottlosen: *»Ich bin wie du!«* Wohin geht dein Weg, Josaphat?

6. Falsche und wahre Propheten

2.Chronik 18,4-11: Aber Josaphat sprach zum König Israels: Frage doch heute des Herrn Wort! Und der König Israels sammelte der Propheten vierhun-

dert Mann und sprach zu ihnen: Sollen wir gen Ramoth in Gilead ziehen in den Streit, oder soll ich's lassen anstehen? Sie sprachen: Zieh hinauf! Gott wird sie in des Königs Hand geben. Josaphat aber sprach: Ist nicht irgend noch ein Prophet des Herrn hier, dass wir durch ihn fragen? Der König Israels sprach zu Josaphat: Es ist noch ein Mann, dass man den Herrn durch ihn frage – aber ich bin ihm gram; denn er weissagt über mich kein Gutes, sondern allewege Böses –, nämlich Micha, der Sohn Jemlas. Josaphat sprach: Der König rede nicht also. Und der König Israels rief seiner Kämmerer einen und sprach: Bringe eilend her Micha, den Sohn Jemlas! Und der König Israels und Josaphat, der König Judas, saßen ein jeglicher auf seinem Stuhl, mit ihren Kleidern angezogen. Sie saßen aber auf dem Platz vor der Tür am Tor zu Samaria; und alle Propheten weissagten vor ihnen. Und Zedekia, der Sohn Knaenas, machte sich eiserne Hörner und sprach: So spricht der Herr: Hiermit wirst du die Syrer stoßen, bis du sie aufreibst. Und alle Propheten weissagten auch also und sprachen: Zieh hinauf gen Ramoth in Gilead! Es wird dir gelingen; der Herr wird sie geben in des Königs Hand.

Das Gewissen wird unruhig

»*Frage doch heute des Herrn Wort.*« Dieser Satz kommt ein wenig zu spät. Ob diese Sache nach dem Willen des Herrn war, hätte er vor seiner Zusage fragen sollen. Wie viel Unheil hat doch schon unsere Übereilung angerichtet! »Frage doch heute des Herrn Wort.« Die Bitte des Josaphat zeigt deutlich, dass er über seiner Zusage unruhig geworden ist. So macht es nämlich der Heilige Geist, der in den Kindern Gottes Sein Werk hat, dass Er uns über falschen Wegen in innere Unruhe bringt. Und da gibt es dann nur einen einzigen Ausweg: Heraus aus der falschen Unternehmung!

Bei Josaphat ging es jetzt nicht mehr darum, den Herrn zu fragen, sondern es ging darum, ob er dem inneren Treiben des Heiligen Geistes gehorsam sein wollte.

Wie viel diskutieren wir und fragen wir und reden wir, wo wir im Grunde ganz genau wissen, dass wir dem Herrn gehorchen sollten!

Die Staatszeremonie

Obwohl der König Ahab viel mächtiger ist als Josaphat, geht er auf die Bitte ein. Es liegt der Welt immer sehr viel daran, dass die Kinder Gottes »mitmachen«. Die Welt kann dabei ganz reizend und entgegenkommend sein, wenn sie damit nur ihren Zweck erreicht.

»Gut«, sagt Ahab, dieser zynische Mann, »wenn dieser junge Königskollege so fromm ist, wollen wir ihm gern zu Willen sein. Von Religion verstehen wir ja auch etwas. Der ›Herr‹ ist uns zwar nicht sehr wichtig, aber wir können mit feierlicher Zeremonie und willigen Hofpredigern aufwarten. Es ist ja nicht das erste Mal und wird nicht das letzte Mal sein, dass sich die Kirche zur Dirne des Staates macht.«

Und so geschieht es. Throne werden am Stadttor aufgestellt ...

»... *mit ihren Kleidern angezogen.*« Hier soll gesagt werden, dass sie mit ihren königlichen Prunkgewändern angetan waren. Um den Prunk eben geht es. Und nun treten die falschen Propheten auf. Es ist alles da, was ein Herz täuschen kann. Aber der Geist Gottes fehlt, und das Wort Gottes wird nicht gehört.

Die falschen Propheten

»... *der Propheten vierhundert Mann.*« Das ist ja ein mächtiges Aufgebot! Es liegt dem Ahab daran zu beweisen, dass er »auch gut kirchlich« und »auch christlich« ist. Ich habe das nun schon in der Sprache unserer Zeitgenossen gesagt. Aber darum geht es! Wenn die Welt die Kinder Gottes »verleiten, verführen und bereden« will, dann zeigt sie, dass sie gar nichts gegen Gott hat. Im Gegenteil! »Es macht sogar ein Pfarrer mit!« wurde einem meiner Freunde gesagt, als er zu einer Veranstaltung eingeladen wurde, vor der ihn Gottes Geist deutlich warnte.

Was waren das nun für 400 Propheten? Zunächst sind sie ein Zeugnis dafür, welch ein Religionsgemengsel am Hof des Ahab und in dem Nordreich herrschte. Man pflegte den Baalsdienst und den Kult der Aschera. Aber man gehörte doch zum Volk Gottes. Also hatte man auch Propheten, die Gott dienen wollten. Hier war Toleranz bis zur völligen Preisgabe der Wahrheit.

Der Mensch von heute hat auch diese Mischreligion. Man redet vom »Herrgott«, aber man ist auch Mohammedaner, denn man glaubt an »das Schicksal«. Zugleich ist man Idealist und glaubt an »das Gute im Menschen«. Nur – ernst nimmt man gar nichts von all dem. Und vor allem – an den Einen glaubt man nicht, an den man glauben sollte: an den Sohn Gottes, der um unserer Sünde willen am Kreuz starb. – Wie modern doch der Ahab war!

Zweierlei ist nun noch zu sagen über die »Propheten«:

1. Sie waren keine Zeugen der Wahrheit, sondern Funktionäre einer Kirche, die dem König zu Willen war. Sie sollten zu dem gottlosen

Kriegszug die »Waffen segnen« und ihm die religiöse Überhöhung geben.

2. Sie waren verstrickt in die »Sünde Jerobeams«. Wer die Bibel kennt, der weiß, dass der erste König des Nordreichs, Jerobeam, aus politischen Gründen eigene Heiligtümer gebaut hatte. Gott aber wollte in Jerusalem angebetet werden. Und in diesen Heiligtümern ließ Jerobeam Bilder Gottes aufstellen (er machte es nach dem Vorbild der Kanaaniter und stellte Gott unter dem Bild eines goldenen Stiers dar. Die Bibel nennt diese Bilder verächtlich im Spott ›Kälber‹). Gott aber hat geboten: »Du sollst dir kein Bildnis noch irgendein Gleichnis machen ... Bete sie nicht an und diene ihnen nicht.« Über dies Gebot hat sich der Jerobeam munter hinweggesetzt. Und hier waren diese 400 »Propheten« zu Hause. Was konnte man schon von ihnen erwarten?!

Es ist eine lächerliche Komödie, die der Ahab dem Josaphat zuliebe nun aufführen lässt. Diese »Propheten«, die wohl den König Ahab fürchten, nicht aber Gott, antworteten genauso, wie sie müssen: »*Zieh hinauf! Gott wird deine Feinde in deine Hand geben.*«

Die Zeugen des Herrn sollten das Wort Jesu beherzigen (Matth. 10,28):

»Fürchtet euch nicht vor denen, die den Leib töten und die Seele nicht können töten; fürchtet euch aber vielmehr vor dem, der Leib und Seele verderben kann in die Hölle.«

Aber diese »Propheten« hielten es für besser, den König zu fürchten. Gott? – O nein! Vor dem fürchteten sie sich nicht. Wie modern sind sie! Denn der Mensch von heute fürchtet auch alles und jedes – nur den nicht, »der Leib und Seele verderben kann in die Hölle«.

Die fremde Stimme

»*Zieh hinauf! Der Herr wird sie in des Königs Hand geben.*« So sagten diese falschen Propheten. Aber Josaphat war noch nicht ganz verblendet. So genügte ihm dies »Propheten«-Wort nicht. Wie sollte uns auch das Wort von Menschen genügen können, wenn wir das lebendige Wort Gottes kennen?

Ahab hat sich sicher gewundert über Josaphat. Wenn dieser – wie er gewiss sagte - »überfromme Fanatiker« in solch einer politischen Sache schon »des Herrn Wort fragte«, dann mussten ihm doch diese 400 Propheten genügen! 400 Propheten: das war doch – wie man heute sagt - »eine Wucht«! Das war doch kein Pappenstiel!

Und was tut dieser Josaphat? Er fragt ganz harmlos: »*Ist denn nicht irgend noch ein Prophet des Herrn hier?*« Er wischt diese 400 Mann auf die Seite. Er erklärt, dass er trotz ihres aufgeregten Geredes »des Herrn Stimme« immer noch nicht gehört habe. Ja, das kam dem Ahab sicher ziemlich anspruchsvoll vor.

Der Ahab hat eben nicht gewusst, dass die Kinder Gottes einen neuen Sinn bekommen haben, durch den sie lernen, die Rede eines Menschen zu prüfen und zu unterscheiden zwischen Gold und Blech. Der Herr Jesus hat das einmal so ausgedrückt (Joh. 10,4.5):

> »Die Schafe folgen dem Hirten nach; denn sie kennen seine Stimme. Einem Fremden folgen sie nicht nach, sondern fliehen vor ihm; denn sie kennen der Fremden Stimme nicht.«

Jetzt war wieder eine Station da, wo Josaphat aus dem verkehrten Zug aussteigen musste. Er tat es nicht. – Wie schwer ist es doch auch für Kinder Gottes zu sagen: »Ich habe falsch gehandelt. Ich will umkehren, ehe es zu spät ist.«
Immerhin: Josaphat ist in einer heilsamen Unruhe. Und darum fragt er – ungerührt durch die 400 – nach einem rechten Propheten.

Das räudige Schaf

Als ich einmal im Siegerland war, zeigte man mir Berichte aus der Erweckungszeit im 19. Jahrhundert. Da hatte ein freigeistiger Pfarrer in Neunkirchen gesagt: »Ich danke Gott, dass diese Schwärmerei (so sah er die wundervolle geistliche Erweckung an) bisher unsere Gemeinde verschont hat – bis auf ein räudiges Schaf in dem Filial Altenselbach.« Was mag das für ein wundervoller Mann gewesen sein, der hier als »räudiges Schaf« deklariert wurde! (Die Erweckung kam bald auch nach Neunkirchen und Altenselbach, und das ›räudige Schaf‹ blieb nicht allein.)

Solch ein »räudiges Schaf« war Micha. Er nannte Sünde »Sünde« und Abgötterei »Abgötterei«. Er sprach nicht von einer »billigen Gnade«, wo vom Zorn Gottes gezeugt werden musste. Damit konnte er natürlich das Wohlgefallen des Ahab nicht erringen. Und die 400 falschen Propheten haben dem Micha sicher oft genug bestätigt, dass er ein törichter Mann sei. Man dürfe doch den Ahab, der »immerhin religiös interessiert sei«, nicht derart verärgern. Und die Kirche habe doch öffentliche Rücksichten zu nehmen.

»*Ich bin ihm gram*«, sagt Ahab. So war der König Herodes dem Johannes gram, als der ihn öffentlich einen Ehebrecher nannte. Der David aber war dem Propheten Nathan nicht gram, als der ihm seinen Ehebruch vor die Augen stellte! In diesem Unterschied wird eine wahre geistliche Gesinnung offenbar. Es steht schlimm mit uns, wenn wir denen gram sind, die uns zur Buße rufen und offen von unserer Sünde sprechen.

Höchste Spannung

»Der König rede nicht also«, erwiderte Josaphat. Das war nur eine matte Abwehr. Josaphat wusste doch als Gotteskind, dass die Kinder Gottes füreinander einstehen sollen. Durfte er ruhig mit anhören, wie ein »Bruder« hier öffentlich geschmäht wurde? Sicher nicht. Andererseits war er ja hier bei einem Staatsbesuch. Da konnte er sich doch nicht um eines einfachen Mannes willen mit Ahab überwerfen. So nahm er einen Mittelweg. Er wehrte leise ab: »Ach bitte, reden Sie doch nicht so unfreundlich!« Und so fühlte sich Ahab gedrungen – wenn auch widerwillig -, diesen Micha holen zu lassen. Er ahnt auch, was dieser Micha, der ihm *»allezeit nur Böses«* prophezeit, sagen wird. Er ist aber entschlossen, wie es auch komme, seinen eigenen Willen gegen

den Willen Gottes durchzusetzen. Darum will er diese unangenehme Sache so schnell wie möglich hinter sich bringen. Wir merken seine Unruhe und Hast bei den Worten: »*Bringe her eilend Micha, den Sohn Jemlas!*«

Seltsam ist es, dass die Boten Gottes – wie dieser Micha – für die Welt so beunruhigend sind. Ach, dass wir nicht so entsetzlich harmlos und ungefährlich wären!

7. Der Zeuge Gottes im Sturm

2.Chronik 18,12-17: Und der Bote, der hingegangen war, Micha zu rufen, redete mit ihm und sprach: Siehe, der Propheten Reden sind einträchtig gut für den König; Lass doch dein Wort auch sein wie derselben eines und rede Gutes. Micha aber sprach: So wahr der Herr lebt, was mein Gott sagen wird, das will ich reden. Und da er zum König kam, sprach der König zu ihm: Micha, sollen wir gen Ramoth in Gilead in den Streit ziehen, oder soll ich's lassen anstehen? Er sprach: Ja, ziehet hinauf! Es wird euch gelingen; es wird euch in eure Hände gegeben werden. Aber der König sprach zu ihm: Ich beschwöre dich noch einmal, dass du mir nichts denn die Wahrheit sagest im Namen des Herrn. Da sprach er: Ich sah das ganze Israel zerstreut auf den Bergen wie Schafe, die keinen Hirten haben. Und der Herr sprach: Diese haben keinen Herrn; es kehre ein jeglicher wieder heim mit Frieden. Da sprach der König Israels zu Josaphat: Sagte ich dir nicht: Er weissagt über mich kein Gutes, sondern Böses?

Ein schlechter Rat

Während dieses scheingeistliche Spektakel vor sich geht, eilt der Bote, den Micha herbeizurufen. An diesem Boten wird deutlich, wie sehr sich die Propheten an den schlichten Herzen der einfachen Männer aus dem Volke versündigen. Dieser Bote meint es wirklich gut mit Micha. Darum gibt er ihm einen kurzen Bericht über das, was am Stadttor bisher geschehen ist. »*Der Propheten Reden sind einträchtig gut für den König.*« Und nun erteilt er ihm den gut gemeinten Rat: »*Lass dein Wort auch sein wie derselben eines und rede Gutes.*« Auch nicht eine Spur mehr ist davon vorhanden, dass man der Wahrheit folgen und dass man sie sagen müsse. Der Bote fragt nur noch: »Was ist jetzt nützlich?« Wie hätte dieser Mann in unsere Zeit gepasst! Diese Weisheit ist in unserem Sprichwort festgelegt: »Man muss mit den Wölfen heulen.« So heulen die Schafe mit den Wölfen. Und die Wölfe machen mit den Schafen »Mäh!«.

Warum?

»*Und da er zum König kam …*« Das ist ein seltsamer Ausdruck. Es saßen doch zwei Könige dort am Stadttor. Aber es sieht aus, als wenn der Josaphat schon gar nichts mehr zu sagen hätte. »*Und da er zum König kam …*« Bedeutsame Stunde, da der einsame Prophet, der Gottes Wort hat, unter die schreienden, gestikulierenden und wichtigtuerischen Lügenpropheten tritt!

Doch es sieht aus, als wenn die bedeutsame Stunde in Lächerlichkeit verlaufen würde. Denn – o Schreck! – der Prophet Micha sagt genau dasselbe wie alle anderen Propheten: »*Ziehet hinauf! Es wird euch gelingen.*« Wir erfahren ja gleich in den nächsten Versen, dass Micha es sehr anders wusste. Der Herr hatte ihm deutlich gezeigt, dass Ahab in diesem Kriegszug umkommen würde. Und wir fragen uns erschrocken: Wie konnte Micha hier so falsches Zeugnis reden?

Ich bin überzeugt (es ist schwer auszusprechen!), dass der Micha einen Augenblick schwach wurde. Ich komme auf diese Deutung, weil ich mein eigenes Herz kenne. Man stelle sich vor: Da war die ganze Zeit das Geschwätz des Boten gewesen: »Mach doch mit!

Man kann nicht gegen den Strom schwimmen! Sei klug!« Und wenn es der Micha auch abgewiesen hat - so etwas wirkt trotzdem. Wir kennen ja die Macht des »Mach doch mit!«. Und nun kommt er vor die beiden prächtig geschmückten Könige. Und ringsum Volk, das kriegsbegeistert ist. (Zu allen Zeiten konnte man jedes Volk zur Kriegsbegeisterung entflammen, wenn man die nötigen Propagandamittel einsetzte, wie es hier der Ahab tut.) Und dann diese Menge der Propheten! 400 Mann! Das war wie ein reißender Strom. Wer wollte dagegen anschwimmen?! Da wurde Micha schwach. Wer würde da nicht schwach?

Doch der Herr lässt Seine schwachen Werkzeuge nicht. Es geschieht etwas Seltsames: Statt dass Ahab sich nun zufriedengibt – er hat ja, was er will -, fragt er noch einmal dringlicher, was der Herr sage. Und da kommt Micha wieder innerlich auf die Beine und redet das Wort Gottes.

Ein Schatten des Herrn Jesus

Ein Schriftausleger aus dem 18. Jahrhundert, Magnus Friedrich Roos, sagt zu diesem Vers: »Unter der herzlenkenden Macht Gottes sagt Ahab: Ich beschwöre dich, dass du mir nichts anderes sagest denn die Wahrheit im Namen des Herrn. – So wurde Christus von Kaiphas beschworen und tat darauf ein gutes Bekenntnis, das ihn sein Leben kostete. Und Micha rückte auch mit seinem Bekenntnis heraus ... und ging dafür ins Gefängnis.« Roos sieht ganz richtig, dass hier eine fast wörtliche Übereinstimmung ist mit dem Verhör des Herrn Jesus vor Pilatus. Der Micha bildet den leidenden Heiland vor.

Der Sohn Gottes hat gesagt, dass die Schrift Alten Testaments von Ihm zeuge. Sie tut das in mancherlei Weise. Unter anderem so, dass viele Gotteszeugen des Alten Bundes den Herrn Jesus »abschatten« – so nennen es die alten Ausleger. Unser Schatten zeigt mehr oder weniger deutlich unser Bild. So zeigen viele Personen des Alten Bundes das Bild Jesu. Der einsame Micha unter lauter Feinden – beschworen, die Wahrheit zu sagen, gewiss, dass die Wahrheit ihn in das Leiden führt – wer sollte hier nicht das Bild Jesu bei dem Verhör vor dem Hohenpriester Kaiphas erkennen?

Ja, es ist noch ein weiterer Zug hier, der an die dunkle Karfreitagsstunde erinnert. Damals saß der Petrus draußen vor dem Saal und verleugnete seinen Heiland. Auch hier beim Verhör des Micha durch Ahab sitzt ein Verleugner: der König Josaphat. Obwohl er genau merkt, dass dieser fromme Micha die Wahrheit spricht und treu den Herrn bekennt, sagt er nicht ein einziges Wort, durch das er sich zu Micha bekennt. Er verpasst die Stunde des Bekennens und verrät dadurch seinen Herrn, dem er doch genauso aufrichtig dienen wollte wie Micha.

Der Herr hat den Petrus nicht verworfen und ebensowenig den Josaphat. Aber bei den beiden ging es durch viel Not, bis sie wieder ganz zurechtkamen.

Die zerstreute Herde

»Ich sah das ganze Israel zerstreut wie Schafe, die keinen Hirten haben.« Das ist in der Bibel oft ein Bild für die jämmerliche Not der Gemeinde, die ihren wahren Herrn verlassen hat: die zerstreute Schafherde, die nach allen Richtungen auseinander rennt.

Im bekannten 53. Kapitel des Jesajabuches, wo vom leidenden Gottesknecht die Rede ist, wird unsere Verlorenheit so geschildert:

»Wir gingen alle in der Irre wie Schafe, ein jeglicher sah auf seinen Weg.«

Auch im Neuen Testament finden wir das Bild von der zerstreuten Herde (Matth. 9,36):

»Und da Jesus das Volk sah, jammerte ihn desselben; denn sie waren verschmachtet und zerstreut wie die Schafe, die keinen Hirten haben.«

Alle diese Worte sind darauf zugespitzt, dass der Herr sich nun selbst Seiner Herde annehmen und sie suchen und sammeln und heilen will. Darum kommt der Sohn Gottes als der einzige und allein berechtigte »gute Hirte« zu der zerstreuten Herde.

Die Verheißung der Gnade

»Und der Herr sprach: Diese haben keinen Herrn; es kehre jeder wieder heim mit Frieden.« Dieser kleine Satz in der drohenden Rede des Micha lässt uns einen Blick tun in das Herz unseres Herrn, der Sein Volk sehr liebt und der nicht sein Verderben, sondern seinen Frieden will. Unser Gott geht (wenn ich so menschlich von Ihm sprechen darf) nur sehr ungern an das Abbrechen und Richten und Verderben. Als Er dem Noah mitteilte, dass Er die Erde verderben wolle, begann Er diese Zerstörung damit, dass Er dem Noah den Weg zur Errettung zeigte und ihn anleitete, die Arche zu bauen. Man muss fast lachen, dass die Geschichte beginnt: »Alles Fleisches Ende ist bei mir be-

schlossen ...« und dann weitergeht: »... baue dir einen Kasten!« Und wer von uns einmal die Prophetenschriften des Alten Testaments im Zusammenhang liest, der wird bemerken, wie überall die schrecklichen Gerichtsandrohungen durchsetzt sind mit lieblichen Verheißungen für die, die ihr Herz in Aufrichtigkeit zum Herrn wenden.

Es ist seltsam mit diesem Ahab: Wenn Israel zerstreut war wie Schafe, die keinen Hirten haben, dann bedeutete das doch völlige Niederlage. Ja mehr! Das heißt doch: Er, der König, wird im Streit getötet werden.

Man sollte meinen, Ahab wäre blass geworden vor Schreck über solch eine Weissagung. Aber nichts dergleichen! Er ruft nur triumphierend: »Ich hab's ja gleich gewusst, dass dieser Micha ein sauertöpfischer Geselle ist, der mir nur Unheil prophezeit!« Sein Herz ist so verstockt, dass es sich nicht mehr warnen lassen kann vor dem Gericht Gottes.

Das ist in diesem Fall besonders schwerwiegend, weil es wirklich die letzte Warnung an den König Ahab war, der doch König war über Gottes Volk und Seine Gemeinde. Ahab zog in diesen unheilvollen Krieg und kam darin um.

8. Geist der Wahrheit - Geist der Lüge

2.Chronik 18,18-22: Er aber sprach: Darum höret des Herrn Wort! Ich sah den Herrn sitzen auf seinem Stuhl, und alles himmlische Heer stand zu seiner Rechten und zu seiner Linken. Und der Herr sprach: Wer will Ahab, den König Israels, überreden, dass er hinaufziehe und falle zu Ramoth in Gilead? Und da dieser so und jener anders sagte, kam ein Geist hervor und trat vor den Herrn und sprach: Ich will ihn überreden. Der Herr aber sprach zu ihm: Womit? Er sprach: Ich will ausfahren und ein falscher Geist sein in aller seiner Propheten Mund. Und er sprach: Du wirst ihn überreden und wirst es ausrichten; fahre hin und tue also! Nun siehe, der Herr hat einen falschen Geist gegeben in dieser deiner Propheten Mund, und der Herr hat Böses wider dich geredet.

Der Thron

Diese Erzählung Michas ist durchaus kein Gleichnis, sondern die tatsächliche, wahrheitsgetreue Darstellung eines Vorgangs in der jenseitigen Welt. Wie Daniel oder Johannes darf Micha einen Blick tun in die jenseitige Welt. Es ist erschreckend, was er dort sieht und hört. Zunächst allerdings erblickt er etwas Herrliches: den Herrn auf Seinem himmlischen

Thron, umgeben von den himmlischen Heerscharen. Nun verstehen wir, warum Micha trotz begreiflicher Ängstlichkeit dem bösen König widersteht. Wer den herrlichen, majestätischen Gott im Geist gesehen hat, dem imponieren die zwei Könige nicht mehr. Ja, sie werden dem Micha wie eine Karikatur der Majestät Gottes vorgekommen sein.

Dieser Blick in die himmlische Herrlichkeit und auf die Majestät Gottes wird uns in der Bibel ab und zu gezeigt. Und jedes Mal ist die Darstellung überwältigend und großartig. Jesaja 6,1-4; Daniel 7,9.10.

Und erst die wunderbaren Kapitel Offenbarung 4 und 5! Der Leser sollte sich die Zeit nehmen, sie in Ruhe durchzulesen.

Gott – verführt

Ahab hat immer sein Herz verstockt. Nun ist das Gericht über ihn beschlossen. Das Gericht aber beginnt nicht erst damit, dass er in dem bösen Krieg umkommt. Es fängt damit an, dass Ahab der Lüge glauben muss; dass er der Verführung durch falsche Propheten anheimfällt. Das finden wir je und dann in der Bibel, dass Gottes Gericht darin besteht, dass man der Lüge glauben muss. Paulus schreibt (2.Thess. 2,11.12a):

»Darum wird ihnen Gott kräftige Irrtümer senden, dass sie glauben der Lüge, auf dass sie gerichtet werden alle, die der Wahrheit nicht glauben.«

Allerdings – es muss auch gesagt werden: Diese Geschichte des Micha hat viele Fragen aufgeworfen und vielen Auslegern die Köpfe heiß gemacht. Ich will hier nur eines nennen: War es ein böser Geist, der den Auftrag übernahm? Kann denn Gott, der doch die Sünde hasst, Seine Diener zu falschen Geistern machen? Widerspricht das nicht dem Wesen Gottes?
Es würde viele Seiten füllen, wenn wir alle die Überlegungen hören wollten, die am Ende doch nur neue Fragen aufwerfen. Ich meine, wir sollten diese Fragen nicht stellen. Wer kann schon Gott verstehen?! Es genügt zu wissen, dass Er heilig und gerecht ist. Und wir sollten uns warnen lassen. Lasst uns der Wahrheit gehorchen, damit wir nicht durch »kräftige Irrtümer« gerichtet werden!

9. Die Schmach Christi

2.Chronik 18,23-26: Da trat herzu Zedekia, der Sohn Knaenas, und schlug Micha auf den Backen und sprach: Welchen Weg ist der Geist des Herrn von mir gegangen, dass er durch dich redete? Micha sprach: Siehe, du wirst es sehen des Tages, wenn du von einer Kammer in die andere gehen wirst, dass du dich versteckest. Aber der König Israels sprach: Nehmet Micha und lasst ihn bleiben bei Amon, dem Stadtvogt, und bei Joas, dem Sohn des Königs, und saget: So spricht der König: Leget diesen ins Gefängnis und speiset ihn mit Brot und Wasser der Trübsal, bis ich wiederkomme mit Frieden.

Zedekia - der falsche Prophet

»... *und schlug Micha auf den Backen.*« So ist es richtig! Jetzt werden die falschen Propheten auch noch gewalttätig. Man kann wirklich nicht behaupten, dass dies ein sehr »geistliches« Vorgehen gewesen ist. Zedekia, Sohn des Knaenas, redete von Gott. Aber sein Handeln und Tun war vom Teufel. Da muss man doch gleich an das Wort des Herrn Jesu denken (Matthäus 7,15.16 a):

»Sehet euch vor vor den falschen Propheten, die in Schafskleidern zu euch kommen, inwendig aber sind sie reißende Wölfe. An ihren Früchten sollt ihr sie erkennen.«

Zedekia, dieser angebliche Prophet, ist ein Bild einer Kirche, die Gewalt übt gegen die,

die sich ihr nicht unterwerfen wollen. Wie oft haben die Kirchen lieber den Weg des Zedekia als den Weg des leidenden Micha gewählt! Hier denken wir an Inquisitionen und an die Scheiterhaufen, die eine »christliche« Kirche aufgerichtet hat. Wir denken daran, dass heute viele Christen in manchen Ländern im Namen Jesu Christi Hass und Feindschaft tragen müssen. Aber auch die evangelische Kirche hat solche Schandflecke in ihrer Geschichte. Denken wir nur daran, wie die »Stillen im Lande« im 19. Jahrhundert von der Kirche denunziert, bedrängt und verfolgt wurden!

Zedekia zeigt, wie wahr Gottes Wort ist: »Des Menschen Zorn tut nicht, was vor Gott recht ist.« Ein alter Ausleger namens Hall sagt von solchen ungeistlichen Menschen, wie der Zedekia einer war: »Mit ihrer gekränkten Eitelkeit, die keinen Widerspruch vertragen kann, mit ihrem Neid, Hochmut und Zorn beweisen sie am besten, dass der Geist Gottes von ihnen gewichen ist, denn dieser wohnt nicht in einem hochmütigen, trotzigen, zänkischen, sondern in einem demütigen Herzen; seine Frucht ist Liebe, Friede, Geduld, Freundlichkeit, Sanftmut.«

Allerdings hat diese Begebenheit einen unheimlichen Hintergrund. Zedekia trat hier so sicher und wichtig auf, weil er ganz gewiss war, seine Weissagung nicht selbst ersonnen zu haben. Sie war ihm tatsächlich geschenkt worden. Nur – das haben wir aus den Versen vorher gehört – von einem »falschen Geist«. Das Volk und der König Ahab allerdings waren nicht in der Lage, den Unterschied der »Geister« zu erkennen. Da versteht man, warum es dem Apostel Paulus so wichtig war, dass die Gemeinde Jesu die Geistesgabe bekommt, »Geister zu unterscheiden«.

Möge der Herr uns recht diese Gabe schenken in dieser »letztbetrübten Zeit«, wo so viele falsche Geister auftreten, die im Namen Gottes reden und doch die Gemeinde vom einfältigen Glauben abwendig machen!

Micha – der Zeuge Jesu

Micha antwortete gelassen: Wir können es abwarten! – Als ich einst einem Mann die Auferstehung der Toten und das Gericht Gottes bezeugte, tat er das mit einem Lachen ab: »Daran glaube ich nicht.« Ich erwiderte ihm: »Wir können es abwarten, ob Sie Recht haben oder Gottes Wort. Die Zukunft wird es ausweisen.« Da wurde er ganz bleich vor Schreck. Es schien ihm doch auf einmal unheimlich, so gegen Gottes Wort aufzutreten.

Zedekia aber und der König Ahab erschrecken nicht. Ihre Verstockung war schon endgültig.

»*Leget diesen ins Gefängnis und speiset ihn mit Brot und Wasser der Trübsal.*« Die »Welt« wird immer wieder die Wahrheit des Jesuswortes beweisen: »Solches habe ich zu euch geredet, dass ihr euch nicht ärgert. Sie werden euch in den Bann tun. Es kommt aber die Zeit, dass wer euch tötet, wird meinen, er tue Gott einen Dienst daran. Und solches werden sie euch darum tun, dass sie weder meinen Vater noch mich erkennen« (Joh. 16,1ff).

Ahab legt den Micha ins Gefängnis. Das war nicht nur eine üble Tyrannei, sondern auch eine große Dummheit. Denn mit solchen Maßnahmen konnte er ja die Wahrheit des Zeugnisses nicht aufhalten. Er kam tatsächlich um in dem syrischen Krieg, wie Micha ihm das bezeugt hatte. Cramer sagt dazu: »Die Zeugen der Wahrheit kann man wohl in den Kerker setzen, aber die Wahrheit selbst nicht. Sie dringt auch durch den dunkelsten Kerker ans Licht und lässt sich nicht in Ketten und Banden schlagen, auch nicht aushungern; ihre Unterdrückung dient zuletzt nur zu ihrer desto größeren Verherrlichung.« »Gottes Wort ist nicht gebunden«, sagt die Bibel.

Josaphat - der Gefährdete

Müsste jetzt dieser fromme König nicht aufspringen und sagen: »Dieser Micha ist mein Bruder! Tut, was ihr wollt! Aber ich gehöre zu ihm und er zu mir!« Aber er schweigt. Er lässt alles geschehen.

Ich habe es oft erlebt, wie ein Schrecken auf die Kinder Gottes fällt, wenn die Welt so drohend und gewaltsam auftritt, dass sie sich am liebsten ganz still verhalten, um nicht aufzufallen. Das ist eine klägliche Haltung und bedeutet eine Verleugnung unseres Herrn. Wie anders hielten es die Menschen, an die der Hebräerbrief gerichtet ist! Ihnen wird bescheinigt, dass sie »Gemeinschaft hielten mit denen, die durch Schmach und Trübsal ein Schauspiel wurden«; dass sie »Mitleiden hatten mit den Gebundenen« (10,33f).

10. Gott führt in das Gericht

2.Chronik 18,28-34: Also zog hinauf der König Israels und Josaphat, der König Judas, gen Ramoth in Gilead. Und der König Israels sprach zu Josaphat: Ich will mich verkleiden und in den Streit kommen; du aber habe deine Kleider an. Und der König Israels verkleidete sich, und sie kamen in den Streit. Aber der König von Syrien hatte den Obersten über seine Wagen geboten: Ihr sollt nicht streiten, weder gegen klein noch gegen groß, sondern gegen den König Israels allein. Da nun die Obersten der Wagen Josaphat sahen, dachten sie: Es ist der König Israels! und umringten ihn, wider ihn zu streiten. Aber Josaphat schrie; und der Herr half ihm, und Gott wandte sie von ihm. Denn da die Obersten der Wagen sahen, dass er nicht der König Israels war, wandten sie sich von ihm ab. Es spannte aber ein Mann seinen Bogen von ungefähr und schoss den König Israels zwischen Panzer und Wehrgehänge. Da sprach er zu seinem Fuhrmann: Wende deine Hand und führe mich aus dem Heer, denn ich bin wund. Und der Streit nahm zu des Tages. Und der König Israels stand auf seinem Wagen gegen die Syrer bis an den Abend und starb, da die Sonne unterging.

Ein Mann wird dumm gemacht

Trotz der Warnung des Propheten Micha macht Josaphat mit bei diesem Kriegszug, der gegen den Willen Gottes war. Hat er kein Organ mehr für die Warnungen Gottes? Es war wohl eine Art von Scham, die ihn abhielt, jetzt noch zurückzutreten. Das aber ist eine falsche Scham, wenn man nicht den Mut hat, wegen des Spottes der Ungläubigen einen falschen Weg aufzugeben.

Das erste nun ist, dass der gutgläubige Josaphat – wie man so sagt – »dumm gemacht wird«. Ahab redet ihm zu: »Ich will mich verkleiden als einfacher Krieger. Für dich ist das ja nicht so wichtig. Bleibe du ruhig in deinen Königsgewändern und in deinem königlichen Streitwagen.«

Der Dümmste hätte hier merken müssen, dass der listige Ahab alle Gefahr auf den Josaphat zu lenken versuchte. Ahab lässt dem im Grunde völlig unbeteiligten Josaphat die Ehre, die Hauptgefahr in diesem Krieg zu tragen. Und Josaphat geht darauf ein.

Man fasst sich an den Kopf: War der Mann denn völlig von Gott verlassen, dass er auf diesen Betrug einging? Nun, er war nicht von Gott verlassen, wie wir bald sehen werden. Aber – er sollte die Früchte seines ungeistlichen Tuns schmecken. Gott erzieht Seine Kinder. Und was Er den Ungläubigen gelingen lässt, lässt Er bei Seinen Kindern nicht durchgehen.

Josaphat wird »dumm gemacht«. So wird es immer bleiben, dass die Kinder Gottes »dumm gemacht werden«, wenn sie »am fremden Joch mit den Ungläubigen ziehen« (2.Kor. 6,14).

Ein Mann kommt zu sich

»*Da nun die Obersten (der Syrer) Josaphat sahen,*

dachten sie: Es ist der König Israels! und umringten ihn, wider ihn zu streiten.« Es kam also genau so, wie Ahab kalkuliert hatte. Im Geist habe ich den Ahab gesehen, der sicher die Not seines königlichen Kollegen merkte. Wie mag er sich die Hände gerieben haben! Wie mag er in seinem Herzen gelacht haben über den Propheten Micha, dessen Weissagung ja nun offenbar zunichte wurde! Es konnte nur noch Minuten dauern, dann war Josaphat tot. Und dann musste ein Schrecken über die Syrer kommen, wenn statt der nun erwarteten Verwirrung die Schlacht, von Ahab geleitet, weiterging. O ja! Die klugen Leute dieser Welt können gut kalkulieren in ihren bösen Plänen!

Aber - der Herr! Er ist auch noch da. Und jetzt greift Er ein.

»Aber Josaphat schrie; und der Herr half ihm, und Gott wandte die Feinde von ihm.« Dies »Schreien« des Josaphat war nicht ein Angstschrei. Es will sagen: »Er schrie zum Herrn.« Ob er wohl in den Tagen vorher, wo er sich so eng mit dem Ahab verbündet hatte, beten konnte? Ich weiß es nicht. Ich weiß nur aus Erfahrung: Wenn wir einen falschen Weg eingeschlagen haben, wenn die Verbindung mit den Kindern Gottes gelockert ist (wie zwischen Josaphat und Micha) – dann verliert sich die Gebetsfreudigkeit.

Dann muss uns der Herr in Nöte bringen, damit wir das »Schreien« wieder lernen.

Schreckliches Gottesgericht

Der Herr hält Sein Wort. Das gilt ebenso für Gnadenworte wie für Gerichtsworte. Dem Ahab half seine Schlauheit nicht. »Schrecklich ist es, in die Hände des lebendigen Gottes zu fallen«, sagt die Bibel (Hebräer 10,31). Ahab fiel Gott in die Hände!

»Es spannte aber ein Mann seinen Bogen von ungefähr und traf den König.« Es könnte so aussehen, als wolle die Bibel hier von einem Zufall sprechen. Aber wir wissen doch, dass es keinen Zufall gibt. Der Herr Jesus hat deutlich gesagt, dass »ohne den Willen des himmlischen Vaters kein Haar von unserem Haupt fallen kann«. Nein, nicht von »Zufall« ist hier die Rede, sondern es wird gesagt: Der Mann, der den Pfeil abschoss, hat sich kein besonderes Ziel ausgewählt. Er schoss einfach blindlings in die Reihen der Streiter Israels. Und der, dem alle Gewalt gegeben ist, lenkte den Pfeil in die Brust des abgöttischen Ahab, dessen Gerichtsstunde gekommen war.

»Und er schoss den König Israels zwischen Panzer und Wehrgehänge.« Wir spüren aus den Worten die Verwunderung, dass der Pfeil genau einen

solch schmalen Spalt traf. Der König war gut gepanzert gegen Pfeilschüsse. Kein Pfeil hätte den Panzer durchdringen können. Und das Wehrgehänge, an dem das Schwert befestigt war, war sicher auch metallisch geschützt. Aber der kleine Spalt dazwischen! Im Buch Hiob steht: »Wenn er zerbricht, dann hilft kein Bauen.« Und wir können ebenso sagen: Wenn Er töten will, dann hilft kein Panzer! Und dem Ahab half nun auch nicht mehr seine bösartige Schlauheit. Die Hand des richtenden Gottes fand ihn.

Bitteres Sterben

»... *und starb.*« Dieser Tod des Königs Ahab ist eine ernste Mahnung an uns alle. Es lohnt sich, diesem furchtbaren Sterben einige Aufmerksamkeit zu widmen.
Zunächst müssen wir ja die Energie des Ahab bewundern. Es heißt: »*Er sprach zu seinem Fuhrmann: Führe mich aus dem Heer, denn ich bin verwundet.*« Doch dann muss es diesem gewaltigen Kriegsmann doch zu erbärmlich vorgekommen sein, sein Heer im Stich zu lassen. Denn gleich darauf lesen wir: »*Der Streit nahm zu des Tages. Und der König stand auf seinem Wagen gegen die Syrer bis an den Abend.*« Dann starb er. Er blieb also – trotz seiner schweren

Verwundung – im Kampf. Und wenn er auch nicht mehr streiten konnte, so hat er doch sicher mit Befehlen die Schlacht gelenkt bis zum letzten Atemzug. Welch ein Heroismus!

Es hat immer wieder Zeiten gegeben, wo man, leider auch unter Christen, dies als die höchste Tugend ansah. Wir lesen aber nirgendwo in der Bibel, was leider häufig die Soldaten- und Feldprediger-Theologie war: dass ein so tapferer Mann den Himmel verdient habe und bekommen müsse. Kein Wort davon! Es gibt kein Werk, kein menschliches Werk, das uns vor Gott gerecht macht. Gerecht vor Gott werden wir einzig und allein durch Buße und Glauben an den Heiland, der für Sünder gestorben ist am Kreuz. Mag der Ahab mit seinem Heroismus seinen Generälen imponiert haben – vor Gott blieb er der verlorene, der dahingegebene Mann.

»... *und starb.*« Es ist geradezu erschütternd, dass der Tod Ahabs so kurz abgetan wird, nachdem doch in der Bibel von diesem Mann sehr viel berichtet worden ist.

11. Seltsamer Empfang

2.Chronik 19,1-4a: Josaphat aber, der König Judas, kam wieder heim mit Frieden gen Jerusalem. Und es ging ihm entgegen hinaus Jehu, der Sohn Hananis, der Schauer, und sprach zum König Josaphat: Sollst du so dem Gottlosen helfen, und lieben, die den Herrn hassen? Und um deswillen ist über dir der Zorn vom Herrn. Aber doch ist etwas Gutes an dir gefunden, dass du die Ascherabilder hast ausgefegt aus dem Lande und hast dein Herz gerichtet, Gott zu suchen. Also blieb Josaphat zu Jerusalem.

Ein tapferer Zeuge der Wahrheit

Josaphat war nicht irgendein König, sondern der König über Gottes erwähltes Volk. Er saß auf dem Thron, den David eingenommen hatte. Er war, auch als König, ein Glied des Gottesvolkes. Darum schwieg Gott nicht, als Josaphat die Staatskunst über die Gebote Gottes setzte.
Und noch etwas: Josaphat war ein Kind Gottes durch den Glauben. Ein Vater schweigt wohl, wenn er auf der Straße die Unart irgendeines fremden Jungen sieht. Aber bei seinen Kindern schweigt ein rechter Vater nicht. Seine Kinder erzieht er. Es ist also eine große Gnade und ein Beweis der Gotteskindschaft, wenn der Herr uns besonders in Seine Zucht nimmt.
Nun kehrte Josaphat »*mit Frieden*«, das heißt hier »wohlbehalten und heil« heim. Aber nicht Ehrenjungfrauen und Willkommensgrüße der Menge empfangen ihn.

»*Es ging ihm entgegen Jehu, der Sohn Hananis, der Schauer.*« Jehu hatte es (2.Chron. 16) bei seinem Vater erlebt, dass auch gottesfürchtige Könige sich nicht gern vor allem Volk strafen lassen. Das hätte ihn abschrecken können. Wie mancher christliche junge Mann, der erlebt hat, wie sein frommer Vater Schwierigkeiten bekam, hat sich dadurch von dem klaren Weg Gottes abwenden lassen! Nicht so der junge Jehu. Trotz der üblen Erfahrungen seines Vaters bleibt er dabei: »Man muss Gott mehr gehorchen als den Menschen.« Es ging ihm wie Luther, der sagte: »Es ist nicht gut noch geraten, etwas wider das Gewissen zu tun.« Allerdings will es uns erschreckend vorkommen, dass der Jehu so schweres Geschütz auffährt und gleich vom »Zorn Gottes« redet.

Aber daran wird eben deutlich, dass es der Herr gerade bei Seinen Kindern genau nimmt. »Gottes Zorn entbrennt über alle Ungerechtigkeit der Menschen«, sagt der Römerbrief. Kinder Gottes haben keinen Freibrief, auf Gnade hin zu sündigen. Gott nimmt es bei Seinen Kindern sehr genau.

Wir dürfen allerdings nicht meinen, dass die Kindschaft nun für den Josaphat aufgehoben sei. Auch ein irdischer Vater kann mit seinem Sohn zürnen, ohne dass er ihn verstößt. Doch wird jetzt alles davon abhängen, wie sich der Sohn zu den Vorwürfen und zum Zorn des Vaters verhält.

»Aber doch ist etwas Gutes an dir gefunden.« Es ist wirklich seltsam, dass der Schauer Jehu nach einer solch ernsten Bußpredigt, wo er vom gefährlichen, vom schrecklichen Zorn Gottes spricht, dem Josaphat nun noch ein Lob erteilt. Das ist namentlich darum merkwürdig, weil in dieser Stunde dem Josaphat all seine guten Werke ja gar nichts helfen. Es ist aus der ganzen Rede doch klar, dass der Zorn Gottes durch die guten Werke des Josaphat nicht gestillt wird. Das ist so überaus wichtig für die wahre geistliche Erkenntnis, dass man mit keinem guten Werk seine Sünde kompensieren kann. Diese Grundlage aller reformatorischen Predigt wird hier durch den Jehu sehr deutlich gemacht. Er sagt: »Mein lieber Josaphat, es ist allerlei zu loben an dir. Aher das alles hindert nicht, dass du jetzt unter dem Zorn deines himmlischen Vaters stehst. Und all deine guten Werke stillen diesen Zorn nicht.«

Warum also sagt denn der Jehu diesen Satz in Vers 3? Warum betont er: »Aber es ist doch etwas Gutes an dir gefunden«?

Im Hebräerbrief begegnet uns eine Gemeinde, die unter der Züchtigung ihres Vaters steht, die durch viel Gericht und Not geht. Und dieser Gemeinde wird geschrieben: »Gott ist nicht ungerecht, dass er vergesse eures Werkes und der Arbeit der Liebe, die ihr erzeigt habt an seinem Namen, da ihr den Heiligen dientet und noch dienet.« In der evangelischen Christenheit weiß man, dass gute Werke vor Gott nicht gerecht machen. Aber es ist eine falsche Entwicklung, wenn die guten Werke (die ja Gott selbst durch Seinen Geist gewirkt hat) geradezu geächtet werden. Gott erkennt an, was gut ist. In der Offenbarung heißt es einmal von denen, »die im Herrn sterben«: »Ihre Werke folgen ihnen nach.« Die Werke gehen nicht voran, sie öffnen nicht das Himmelstor. Das kann nur der Glaube an die versöhnende Kraft des Blutes Jesu. Aber die »Werke« sind auch nicht vergessen. »Sie folgen nach« als ein Zeugnis dafür, dass der Geist Gottes in einem armen Sünderleben Frucht gewirkt hat.

Einkehr

»*Also blieb Josaphat zu Jerusalem. Und er zog wiederum aus.*« Ich bin überzeugt, dass hier angedeutet wird: Josaphat hat sich unter die Gerichtspredigt des Jehu gebeugt und hat Buße getan. Schweigend nimmt er die Bußpredigt entgegen. Und dann heißt es: »Er blieb zu Je-

rusalem.« Es ist geradezu betont, dass jetzt im Leben des Josaphat eine »stille Zeit« kam. Denn sehr nachdrücklich heißt es anschließend: »Und er zog wiederum aus.«
Eine stille Zeit in Jerusalem! Es ist mir ganz klar, dass Josaphat hier Buße tat für seinen verkehrten Kriegszug. Wie wird er da vor dem Angesicht Gottes gelegen haben mit den Psalmen Davids! »Wasche mich wohl von meiner Missetat und reinige mich von meiner Sünde. An dir allein habe ich gesündigt ...« (Ps. 51). Und er erlebte, was David im 32. Psalm sagt:

> »Darum bekannte ich dir meine Sünde und verhehlte meine Missetat nicht. Ich sprach: Ich will dem Herrn meine Übertretungen bekennen. Da vergabst du mir die Missetat meiner Sünde.«

Wie mag er in dieser Zeit zum Altar im Hause Gottes gegangen sein und das blutige Versöhnungsopfer im Glauben angeschaut haben! Ich möchte hier noch einmal betonen: Josaphat war und blieb ein Kind Gottes. Es ist für uns, wenn wir in Anfechtungen gefallen sind, so wichtig zu glauben, dass es immer noch gilt: Jesus hat mich erkauft. Jesus hat mich angenommen. Einem gläubigen jungen Mann, der in Sünde gefallen war und nun in großer Not zu mir kam, habe ich gesagt: »Bete jetzt drei Dinge: a) Ich danke Dir, dass ich Dir immer noch gehöre, weil Du mich erkauft hast. b) Ich bekenne Dir meine Sünde. Vergib sie mir. c) Schaffe in mir, Gott, ein reines Herz.«

12. Friedenswerke

2.Chronik 19,4b-7: Und Josaphat zog wiederum aus unter das Volk von Beer-Seba an bis auf das Gebirge Ephraim und brachte sie wieder zu dem Herrn, ihrer Väter Gott. Und er bestellte Richter im Lande in allen festen Städten Judas, in einer jeglichen Stadt etliche, und sprach zu den Richtern: Sehet zu, was ihr tut! Denn ihr haltet das Gericht nicht den Menschen, sondern dem Herrn; und er ist mit euch im Gericht. Darum lasst die Furcht des Herrn bei euch sein und hütet euch und tut's; denn bei dem Herrn, unserm Gott, ist kein Unrecht noch Ansehen der Person noch Annehmen des Geschenks.

Die Evangelisten

»*wiederum ... und brachte sie wieder zu dem Herrn.*« Ganz im Anfang seiner Regierungszeit hatte der König Josaphat eine große Evangelisationsaktion in die Wege geleitet. An diese Aktion knüpft er nun wieder an. Und er macht sehr deutlich, wie wichtig sie ihm ist: Diesmal sendet er nicht nur einige Fürsten mit den Leviten, die der Predigt zu Ansehen verhelfen sollen. Er selbst macht sich auf den Weg. Ja, es sieht so aus, als wenn er selbst auch das Wort ergriffen und den Städten Judas gepredigt hätte.

Nun war Juda nicht irgendeine Nation, sondern Gottes erwähltes Volk oder – wie wir mit Luther sagen – »die Kirche Jesu Christi im Alten Bund«. Da war es sehr in Ordnung, dass der König selbst ein Prediger des Evangeliums war. Ja, damit wird Josaphat ein Hinweis auf den Herrn Jesus, der als König Seines Volkes dieses durch das Evangelium regiert.

Jetzt war Josaphat auf dem richtigen Weg. Humburg hat einmal gesagt, dass ein Knecht Gottes im Rahmen der von Gott gestellten Aufgabe unüberwindlich sei. Josaphat war in der Geschichte mit Ahab über den ihm von Gott gestellten Rahmen hinausgegangen. Da war Gott gegen ihn gewesen. Es ist sehr wichtig, dass ein Jünger Jesu sich klar wird über den Auftrag, den er von Gott hat, und dass er in diesem Auftrag treu bleibt. Dann ist der Herr mit ihm, und er wird gesegnet.

Also zog Josaphat im Lande umher »*und brachte sie wieder zu dem Herrn, ihrer Väter Gott*«. Es ging ihm nicht um eine allgemeine nebelhafte Religiosität, sondern um den Gott, der sich offenbart hat, der sich ein Volk erwählt hat, der in Gericht und Gnade mit den Vätern gesprochen hat, der in Seinem unwandelbaren Gesetz Seinen Willen kundgetan hat.

Das war eine schöne Zeit, als in Juda überall die verlorenen Söhne, die den Willen des Vaters mit Füßen getreten hatten, umkehrten und einer zum andern sagte: »Kommt, wir wollen wieder zum Herrn; er hat uns zerrissen, er wird uns auch heilen; er hat uns geschlagen, er wird uns auch verbinden« (Hosea 6,1).

Es ging beim Josaphat einfach um die Frage, was denn die Aufgabe des Volkes Gottes sei. Er hatte es bei dem Bündnis mit Ahab zu Macht und Einfluss führen wollen. Wie oft hat die Kirche Jesu Christi im Neuen Bund diesen falschen Weg eingeschlagen! Über die Aufgabe des Gottesvolkes hat der Apostel Petrus Entscheidendes gesagt in 1.Petrus 2,9:

»Ihr aber seid das auserwählte Geschlecht, das königliche Priestertum, das heilige Volk, das Volk des Eigentums, dass ihr verkündigen sollt die Tugenden des, der euch berufen hat von der Finsternis zu seinem wunderbaren Licht.«

Die Juristen

»*Und er bestellte Richter.*« Es ist ergreifend zu sehen, wie wichtig diese Sache dem König war. Denn er hat diesen Richtern eine Rede gehalten, die man über alle Justizgebäude der Welt schreiben sollte: »*Haltet das Gericht nicht den Menschen, sondern dem Herrn .. Lasst die Furcht des Herrn bei euch sein ... Vor ihm gibt es kein Ansehen der Person.*«

Das Recht spielt in der Bibel eine große Rolle. Was ist das für ein entscheidend wichtiger Satz in Psalm 99,4a:

»Im Reich dieses Königs hat man das Recht lieb.«

Man kann das ganze Evangelium nicht verstehen, wenn man nicht begreift, wie wichtig unserm Gott das Recht ist. In Jesaja 1,27a steht:

»Zion muss durch Recht erlöst werden.«

Die Fortsetzung ist der Römerbrief.
Es fragte mich einmal jemand: »Wozu ist eigentlich das schreckliche Kreuz Jesu nötig? Gott hätte doch die Sünden vergeben können wie der Vater in der Geschichte vom verlo-

renen Sohn.« Da habe ich geantwortet: »Das Kreuz war nötig, weil Gott die Gerechtigkeit liebt. Zion muss durch Recht erlöst werden. Um der Gerechtigkeit willen muss Sünde gerichtet werden. Und es ist das große Wunder der Gnade, dass Gott selber den Bürgen bereitgestellt hat, der am Kreuz an unserer Statt das Gericht trug. Erst seitdem über Jesus das Gericht ergangen ist, kann es Vergebung der Sünden geben. Die Strafe liegt auf Ihm, auf dass wir Frieden hätten.«

Zu den schrecklichen Sünden dieser Welt gehört die Ungerechtigkeit. Wie muss Gott das Recht liebhaben, dass die Bibel einmal die Zukunft so beschreibt (2.Petrus 3,13):

> »Wir warten eines neuen Himmels und einer neuen Erde ..., in welchen Gerechtigkeit wohnt.«

13. Geistliche Ordnung

2.Chronik 19,8-11: Auch bestellte Josaphat zu Jerusalem etliche aus den Leviten und Priestern und aus den Obersten der Vaterhäuser in Israel über das Gericht des Herrn und über die Streitsachen und ließ sie zu Jerusalem wohnen, und er gebot ihnen und sprach: Tut also in der Furcht des Herrn, treulich und mit rechtem Herzen. In allen Sachen, die zu euch kommen von euren Brüdern, die in ihren Städten wohnen, zwischen Blut und Blut, zwischen Gesetz und Gebot, zwischen Sitten und Rechten, sollt ihr sie unterrichten, dass sie sich nicht verschulden am Herrn und ein Zorn über euch und eure Brüder komme. Tut also, so werdet ihr euch nicht verschulden. Siehe, Amarja, der oberste Priester, ist über euch in allen Sachen des Herrn, und Sebadja, der Sohn Ismaels, der Fürst im Hause Judas, in allen Sachen des Königs, und als Amtleute habt ihr die Leviten vor euch. Seid getrost und tut's, und der Herr wird mit dem Guten sein.

Gemeindezucht

Ein kritischer Leser wird sich vielleicht wundern, dass den Priestern und Kirchenbeamten (Leviten) ein solcher Einfluss eingeräumt wird. Wir werden daran erinnert, dass das ganze Mittelalter erfüllt war von dem Streit zwischen Staat und Kirche. Und es gibt heute viele Menschen, die sehr besorgt sind, ob die christlichen Kirchen sich nicht allzu viele Rechte anmaßen und Aufgaben übernehmen, die ihnen nicht zustehen. Ich könnte mir denken, dass ein Jurist beim Lesen von Vers 8 lächelt und sagt: »Das ist ja schlimm, wenn es so weit kommt, dass die Priester sogar die Gerichte beherrschen.«

Wir müssen das richtig verstehen. Gar nicht oft genug können wir betonen: Das Volk des Josaphat war nicht irgendeine Nation, sondern das Volk des Herrn. Darum ist das Recht, um das es sich hier handelt, das Gesetz Gottes. Und darum sind die Priester in Juda die rechten Leute, um über dieses Recht Gottes zu wachen. Wir haben es nicht mit der »Justiz« im üblichen Sinn zu tun. Hier handelt es sich darum, dass in der Gemeinde des Herrn der Wille Gottes zu seinem Recht kommt, dass die Gemeinde des Herrn in den Bahnen des Herrn läuft und dass im Volke Gottes eine geistliche Zucht herrscht.

Wenn es im Neuen Testament in der Gemeinde Priester gibt, dann sind dies alle wiedergeborenen und geisterfüllten Menschen. Petrus schreibt (1.Petrus 2,9):

»Ihr seid das königliche Priestertum.«

Und der Apostel Johannes sagt in der Offenbarung: »Er hat uns zu Priestern gemacht vor Gott und seinem Vater« (Kap. 15).

Wenn wir also im Neuen Testament von Gemeindezucht reden, die dem Recht Gottes

Geltung in der Gemeinde des Herrn verschaffen soll, dann kann es sich dabei niemals um eine Priesterherrschaft handeln, wie sie in der römischen Kirche geübt wird. Die Zucht zu üben, ist Sache der geisterfüllten Gemeinde. Dafür ein Beispiel aus unserer Zeit:

Ein Holländer lebte längere Zeit in Deutschland und heiratete eine deutsche Frau. Nach einigen Jahren gab es einen Konflikt in der Ehe. Der Mann verließ seine Frau und ging nach Holland zurück. Kaum war er dort gemeldet, da erschienen einige Kirchenälteste der dortigen Gemeinde bei ihm und erklärten: »Du kannst nicht Glied unserer Kirche bleiben, wenn du deine Ehe nicht in Ordnung bringst.« Sie sprachen so ernst und vollmächtig mit ihm, dass der Mann seine Frau nachkommen ließ. Und die Gemeinde nahm nun diese gefährdete Ehe in ihre Obhut.

Zwischen Sitten und Rechten

»... *zwischen Blut und Blut, zwischen Gesetz und Gesetz, zwischen Sitten und Rechten, sollt ihr sie unterrichten, dass sie sich nicht verschulden am Herrn und ein Zorn über euch komme.*« Dass Josaphat diese Ordnung neu einrichten musste, zeigt, dass sie unter gottlosen Königen zerfallen war. Die Gemeinde des Herrn kann geradezu verwildern und verkommen, wenn in ihr nicht mehr genug priesterliche Seelen mit Vollmacht sind, die dem Willen Gottes den Weg bereiten.

Wie wird aus diesen Worten deutlich, dass Josaphat geradezu ängstlich bemüht ist, dafür zu sorgen, dass der Wille Gottes geschehe! Es kann Konflikte geben »zwischen Sitten und Rechten«. Der Herr Jesus hat später die Pharisäer gescholten, dass ihnen die »Aufsätze der Ältesten« (Sitten) wichtiger waren als die Rechte Gottes. Wer dem nachgehen will, der lese Markus 7,7-13.

Mit dieser Einrichtung der Unter- und Obergerichte ging Josaphat zurück auf eine alte Ordnung in Gottes Volk, von der uns im 2. Mosebuch erzählt wird.

»*Zwischen Sitten und Rechten.*« Es sei mir noch ein Wort erlaubt zu den Zuständen in der gegenwärtigen Lage in Kirche und Gemeinschaft. Ich habe oft den Eindruck: Da, wo man wirklich eine Zucht üben will, kämpft man um die Sitten statt um die Rechte Gottes. Da kämpft man in den Kirchen um Konfirmations- und Beerdigungsordnungen, von denen in der Bibel nichts steht. Und in der Gemeinschaft zerstreitet man sich um Zöpfe und Modefragen. Priesterliche Menschen haben die Rechte

Gottes vor Augen und können wohl unterscheiden zwischen »Sitten« und »Rechten«.
»O bessre Zions wüste Stege …!«

14. Große Not

2.Chronik 20,1-4: Nach diesem kamen die Kinder Moab, die Kinder Ammon und mit ihnen auch Meuniter, wider Josaphat zu streiten. Und man kam und sagte es Josaphat an und sprach: Es kommt wider dich eine große Menge von jenseits des Meeres, von Syrien; und siehe, sie sind zu Hazezon-Thamar, das ist Engedi. Josaphat aber fürchtete sich und stellte sein Angesicht, zu suchen den Herrn, und ließ ein Fasten ausrufen unter ganz Juda. Und Juda kam zusammen, den Herrn zu suchen; auch kamen sie aus allen Städten Judas, den Herrn zu suchen.

Wem gehört das Land?

Hier wird von einem Streit berichtet, der bis zum heutigen Tage nicht zu Ende gekommen ist. Und darum ist es die Sache wert, dass wir ihr unsere Aufmerksamkeit widmen.

Es geht um die Frage: Wem gehört das Land Kanaan? Wir werden im 7. Vers sehen, dass Josaphat betet: »Hast du, unser Gott, nicht die Einwohner dieses Landes vertrieben vor deinem Volk Israel und hast es gegeben dem

Samen Abrahams ewiglich?« Dies war geschehen, als Israel nach dem langen Zug durch die Wüste unter Josua das Land einnahm.

Die umwohnenden Araberstämme haben sich nie damit abfinden wollen, und immer wieder hören wir, dass die Ammoniter und Moabiter versuchen, das Land zurückzuerobern.

70 Jahre nach Christi Geburt wurde Israel in alle Lande zerstreut. Und so wurden die Araber tausend Jahre nach der ersten Landnahme Israels wieder Herren des Landes. Doch Gottes Verheißungen bleiben bestehen. Er hat dies Land »dem Samen Abrahams ewiglich« verheißen. Und wir erleben gerade in unseren Tagen, wie Gott zu Seinen Verheißungen steht. Wiederum ist Israel in das Land Abrahams eingezogen. Und bis zum heutigen Tage erkennen die Araber das Recht Israels auf dies Land nicht an.

Jetzt wird`s ernst

Aus unserem Text wird klar, dass es sich diesmal um einen riesigen, umfassenden Angriff handelte, dem das Reich Josaphats ausgesetzt war.

Mit dem »Meer« ist das Tote Meer gemeint. Es kamen also Araberstämme, die östlich des Toten Meeres wohnten, und ebenso Syrer, die ganz im Norden lebten. Ja, sogar die Meuniter werden aufgezählt. In Vers 10 werden sie später »die vom Gebirge Seir« genannt. Das bedeutet: Es handelt sich um edomitische Stämme. Die Edomiter stammten auch von Abraham ab. Aber sie waren nicht »Kinder der Verheißung«.

Es kamen also nicht nur die heidnischen Stämme, sondern auch – dass wir es so ausdrücken – die Verwandten des Volkes Gottes, die aber in Wirklichkeit nicht dazugehörten. So ist es allezeit gewesen. Neben der wahren Gemeinde steht die falsche Kirche (Edomiter), die immer Frieden mit der Welt halten will und – wenn es ernst wird – sich auf die Seite der Feinde der Gemeinde schlägt.

»*Und siehe, sie sind zu Engedi.*« Engedi liegt fast genau in der Mitte auf der Westseite des Toten Meeres. Diese riesigen Heere haben sich also offenbar im Edomiterland, das ganz im Süden liegt, versammelt – wie sehr beteiligt ist Edom an der Vernichtung Josaphats! – und sind von da um die Südspitze des Toten Meeres nach Norden gezogen, um in Juda einzufallen.

Engedi ist nicht mehr als 45 km Luftlinie von Jerusalem entfernt. Josaphat ist also offenbar überrumpelt worden von diesem Angriff. Man hat die Vorbereitungen sehr geheim gehalten. Darum kann man sich das Entsetzen Judas und seines Königs vorstellen.

Furcht ? Ja! – aber ...

»Josaphat aber fürchtete sich.« Ich bin sehr glücklich, dass uns in der Bibel nicht »heroische« Menschen gezeigt werden mit eisernen Nerven. Es gab eine Zeit, da war die deutsche »Nationalhymne« ein Lied, in dem es hieß: »Das kann ja einen Seemann nicht erschüttern ...« Die Männer der Bibel ließen sich erschüttern.

Sogar der Sohn Gottes hat in den Tagen Seines Fleisches Schrecken und Furcht gekannt. Mit Zittern und Zagen hat Er im Garten Gethsemane auf Seinem Angesicht gelegen und zum Vater geschrien. Wie sollten Christenleute sich nicht fürchten!

Ja, sie fürchten sich nicht nur vor der Macht der Menschen je und dann, sie fürchten sogar Dinge, vor welchen die Welt nicht erschrickt. Sie fürchten den Zorn Gottes. Sie fürchten die Hölle. Sie fürchten die Sünde. Und vor allem fürchten sie sich vor ihrem eigenen Herzen, das sie so leicht betrügt.

Ein Christ darf sich also ruhig fürchten. Aber ... nun kommt das große Aber ...: Aber er darf die Furcht nicht über sich herrschen lassen. Und warum nicht? Weil er einen Herrn und Heiland hat, der größer ist als alle Menschenmacht, größer auch als sein eigenes Herz.

Das hat Josaphat gewusst. Und darum heißt es so wundervoll: »Josaphat aber fürchtete sich und stellte sein Angesicht, zu suchen den Herrn.« »Du, du bist meine / Zuversicht alleine, / Sonst weiß ich keine.«

Es ist ein merkwürdiger Ausdruck: »*Er stellte sein Angesicht, zu suchen den Herrn.*« Ich glaube, wir müssen das Wort so verstehen: Es kostete ihn eine gewisse Anstrengung, jetzt alles andere zurückzustellen und das Angesicht Gottes zu suchen. Die erste Reaktion bei einer solchen Nachricht war sicher die: Man muss jetzt schleunigst alle verfügbaren Männer mobilisieren und mit Waffen versehen – die führenden Männer müssen jetzt zu einer Beratung zusammengerufen werden – man muss sich umschauen, wo man noch Hilfe und Verbündete finden könnte. O, es war schrecklich viel ganz schnell zu tun! Das alles stürmte auf Josaphat ein. Und da kostete es ihn eine Anstrengung, das alles beiseite zu schieben und zuerst und vor allem das Angesicht des Herrn zu suchen. Josaphat wusste: Alle Anstrengungen sind vergeblich, wenn ich nicht auf Seiner Seite erfunden werde.

Der Herr! Der war ihm nicht eine zusätzliche Hilfe zu all dem, was seine Vernunft sich ausdenken konnte. Der Herr war seine einzige

Zuversicht. Und der musste ihm nun zeigen, was zu tun war. Sein Angesicht musste man suchen. Auf Seine Verheißungen musste man sich besinnen. Ja, Gottes Verheißungen mussten Ihm im Gebet vorgehalten werden. Das war wichtiger als alles andere.

Seltsame Volksversammlung

Fasten ist ein Zeichen der Buße. Als Josaphat dies Fasten ausrufen ließ, forderte er das ganze Volk auf: »Demütigt euch unter die gewaltige Hand Gottes. Bekennt Ihm eure Sünden! Bringt jetzt die verborgenen Götzen ans Licht! Ja, stellt euch selbst ins Licht vor Seinem Angesicht. Sucht Seine Gnade!«

»... *kam zusammen, den Herrn zu suchen.*« War dazu nun die Zeit? Ja, dazu war gerade jetzt die rechte Zeit. Der Herr sagt (Psalm 50,15a):

> »Rufe mich an in der Not, so will ich dich erretten.«

Jetzt war Not. Und also die rechte Stunde, den Herrn zu suchen.

Israel hat es in solchen Notzeiten oft auch anders gemacht. Man verzweifelte. Oder man hat (auf der Wüstenwanderung) dem Mose Vorwürfe gemacht. Oder man hat Hilfe bei

Menschen gesucht. Das alttestamentliche Volk Gottes hat also häufig genau das getan, was wir mit unseren ungläubigen Herzen in Notzeiten auch tun.

Wie sehr hat doch Josaphat in den ruhigen Friedenszeiten eine gute Saat gesät, dass Gottes Volk in dieser Notstunde geistlich handelt! Es kam zusammen, »den Herrn zu suchen«.

Es laufen viele Menschen in der Welt herum, die erklären: »Früher habe ich auch glauben können. Doch nun habe ich so viel Schweres erlebt, da bin ich an Gott irre geworden.« So machte es dieses Volk nicht. Sie suchten den Herrn in guten, aber auch in bösen Tagen. Sie sagten wie Hiob (2,10b):

»Haben wir Gutes empfangen von Gott und sollten das Böse nicht auch annehmen?«

Sie hielten es mit dem Sänger des 73. Psalms:

»Dennoch bleibe ich stets an dir.«

15. Ein königliches Gebet

2.Chronik 20,5-12: Und Josaphat trat unter die Gemeinde Judas und Jerusalems im Hause des Herrn vor dem neuen Hofe und sprach: Herr, unsrer Väter Gott, bist du nicht Gott im Himmel und Herrscher in allen Königreichen der Heiden? Und in deiner Hand ist Kraft und Macht, und ist niemand, der wider dich zu stehen vermöge. Hast du, unser Gott, nicht die Einwohner dieses Landes vertrieben vor deinem Volk Israel und hast es gegeben dem Samen Abrahams, deines Liebhabers, ewiglich, dass sie darin gewohnt und dir ein Heiligtum für deinen Namen darin gebaut haben und gesagt: Wenn ein Unglück, Schwert, Strafe, Pestilenz oder Teuerung über uns kommt, sollen wir stehen vor diesem Hause vor dir (denn dein Name ist in diesem Hause) und schreien zu dir in unserer Not, so wollest du hören und helfen? Nun siehe, die Kinder Ammon und Moab und die vom Gebirge Seir, durch welche du die Kinder Israel nicht ziehen ließest, da sie aus Ägyptenland zogen, sondern sie mussten von ihnen weichen und durften sie nicht vertilgen; und siehe, sie lassen uns das entgelten und kommen, uns auszustoßen aus deinem Erbe, das du uns gegeben hast. Unser Gott, willst du sie nicht richten? Denn in uns ist nicht Kraft gegen diesen großen Haufen, der wider uns kommt. Wir wissen nicht, was wir tun sollen; sondern unsre Augen sehen nach dir.

Er schaut zurück

Der König tritt vor das Volk. Wie einst sein

Stammvater Salomo, so betet er für das Volk und vor dem ganzen Volk.

Josaphat hat sicher selbst an das Salomo-Gebet gedacht; denn er zitiert es in seinem Gebet. Wir können nicht im einzelnen darauf eingehen. Aber es lohnt sich bei einem Bibelstudium, die beiden Gebete zu vergleichen (2.Chron. 6).

An dieser Stelle wird etwas davon deutlich, dass es eine Geschichte des Reiches Gottes auf Erden gibt. Es ist die Geschichte von Segnungen Gottes und von Offenbarungen. Es ist aber auch die Geschichte von glaubenden Gottesmenschen. Indem Josaphat sich hier deutlich beruft auf das Gebet Salomos, stellt er sich hinein in diese Gottesgeschichte, in die Geschichte, die Gott schon lange vor ihm mit Seinem Volke gehabt hat. Und von daher geht er den kommenden schweren Aufgaben entgegen. Wir leben in einer Zeit, in der man ein wenig viel redet von der veränderten Welt, von neuen Wegen, die wir gehen müssten, von einer neuen Sprache, die wir sprechen müssten. Wir tun, als beginne mit uns nun etwas ganz und gar Neues. Vor kurzem sprach ich mit einem Mann, der einen verantwortlichen Platz in einem christlichen Werk einnimmt, das vor 150 Jahren aus der Erweckungsbewegung entstanden ist. In dem Gespräch merkte ich mit Entsetzen, dass dieser Mann keine Ahnung hatte von der Segensgeschichte dieses Werkes, keine Ahnung von der Entstehung aus der Erweckung im 19. Jahrhundert. Das alles erscheint ihm als vergangen und abgetan. Ich sagte ihm: »Nun wundere ich mich nicht mehr, dass bei Ihnen alles verquer läuft.«

Kinder Gottes sind gewiss nach vorn orientiert, zumal sie einem Herrn gehören, der Seine Wiederkunft fest vorausgesagt hat. Aber sie sind ebenso stark nach rückwärts orientiert. Denn sie sind mit ihrer Bekehrung in eine Geschichte eingetreten, die Gott schon lange vor ihnen angefangen hat. Sie sind zu einem Volk Gottes gekommen, das schon lange auf der Wanderung ist.

Sie sind nach rückwärts orientiert, denn da sind die »großen Taten Gottes«, die die Apostel an Pfingsten verkündigt haben: Geburt des Sohnes Gottes von der Jungfrau, Kreuz und Sterben Jesu Christi, Auferstehung und leeres Grab, Himmelfahrt und Sieg Jesu.

Ja, wir dürfen sogar noch weiter zurückschauen. Denn der Römerbrief nennt den Abraham den »Vater des Glaubens«. Es gibt keinen wirklichen Christen, der nicht »in den Fußtapfen des Glaubens des Vaters Abraham« ginge.

Er ist im Gespräch mit dem Lebendigen

»*Herr, unsrer Väter Gott* ...« Das erinnert uns an das Wort des großen französischen Gelehrten Pascal: »Gott, nicht Gott der Philosophen, sondern Gott Abrahams, Isaaks und Jakobs.« Es ist nicht ein ausgedachter Gott, nicht leerer Begriff, sondern der Gott, der sich offenbart hat, der sich den »Vätern« gnädig erzeigt hat. Wir dürfen dazu sagen: »Der Vater Jesu Christi und durch Ihn auch unser Vater.«

»... *Herrscher in allen Königreichen der Heiden* ...« Auch die Ammoniter und Moabiter hatten sicher ihre Götter angerufen, ehe sie diesen Feldzug wagten. Aber – das waren ja Volks- und Stammesgötter. Das Herz des Josaphat wird groß und weit und fröhlich, als er sich darauf besinnt: Der Gott, den er anruft, der ist der Gott aller Welt. Der hat auch diese schrecklichen Feinde in Seiner Hand.

Es geht ihm um das Recht

Josaphat klärt in diesem Gebet die Rechtslage. Das Recht seines Volkes beruht auf einem Anspruch, den kein Gericht der Welt anerkennen würde. Aber für Josaphat ist dies ein klarer und eindeutiger Rechtsanspruch. Er sagt: Gott hat uns dies Land gegeben. Und da Gott das

Recht setzt und die letzte Instanz ist, gilt dieser Rechtsanspruch. In seinem Gebet geht er gewissermaßen gleich vor das höchste Gericht und bittet um das Recht.

Im Hintergrund steht noch ein anderer Gedanke: Auch den Ammonitern und Moabitern und Edomitern hat Gott ihr Land zugeteilt. Und darum tun sie Unrecht, wenn sie jetzt dem Volke Juda das Land streitig machen. Gott schafft Seinem Volke den nötigen Raum. Die Mächte dieser Welt werden dem Volke Gottes stets den Raum streitig machen. Am energischsten wird das am Ende der Zeiten der Antichrist tun. Auch dann wird der Herr Seinem Volke noch Raum schaffen. In Offenbarung 12 wird uns gesagt, dass die Gemeinde des Herrn »in die Wüste entfloh, wo sie einen Ort hat, bereitet von Gott«.

Wir dürfen aus diesem Abschnitt auch lernen: Gott gibt den Völkern dieser Erde ihren Raum und ihren Platz. Die Weltgeschichte zeigt, dass mächtige Völker immer wieder ihren Raum ausdehnen, ohne Gott zu fragen. Das führte stets zu großen Katastrophen.

Auch in unserem persönlichen Leben gibt Gott den Raum, in dem wir leben und arbeiten sollen. Es steht ein merkwürdiges Wort in der Bibel: »... und dass niemand zu weit greife ...«

Der Ehrgeiz verführt die Menschen dazu, in den Lebensraum der anderen einzubrechen. Wo man den Geist Gottes hat, da wird einem das unmöglich gemacht. Aber ebenso wird man mit Eifer den Lebensraum ausfüllen, den Gott einem zugewiesen hat.

Bankrotterklärung

Die letzten Sätze im Gebet des Josaphat sind ergreifend: »*In uns ist nicht die Kraft gegen diesen großen Haufen, der wider uns kommt. Wir wissen nicht, was wir tun sollen.*«

Ist das nicht eine armselige Bankrotterklärung? Nun, Kinder Gottes werden in allen Lagen ihres Lebens diese Bankrotterklärung abgeben – nicht vor Menschen, sondern vor ihrem Herrn. Josaphat sagt, dass er weder Kraft habe noch die nötige Weisheit. Genauso geht es allen Kindern Gottes. Sie stimmen dem Herrn von Herzen zu, wenn Er sagt: »Ohne mich könnt ihr nichts tun« (Johannes 15,5b).

Der Herr Jesus hat Seinen Jüngern einmal gesagt, sie sollten werden wie die Kinder. Kinder bilden sich nie ein, sie hätten die Kraft und die Weisheit, die zu den Geschäften der Erwachsenen gehören. So gibt es im Leben der Kinder Gottes keine krampfhafte Anstrengung, etwas zu leisten, was sie gar nicht leisten können.

Dafür können sie aber sagen: »Unsere Augen sehen nach dir.« Sie glauben dem Wort des Herrn Jesus, dass man mit Ihm rechnen darf. Darum kann Paulus sagen (Philipper 4,13):

»Ich vermag alles durch den, der mich mächtig macht, Christus.«

16. Wer führt den Kampf des Volkes Gottes?

2.Chronik 20,13-19: Und das ganze Juda stand vor dem Herrn mit ihren Kindern, Weibern und Söhnen. Aber auf Jahasiel, den Sohn Sacharjas, des Sohnes Benajas, des Sohnes Jehiels, des Sohnes Matthanjas, den Leviten aus den Kindern Asaph, kam der Geist des Herrn mitten in der Gemeinde, und er sprach: Merket auf, ganz Juda und ihr Einwohner zu Jerusalem und du, König Josaphat! So spricht der Herr zu euch: Ihr sollt euch nicht fürchten noch zagen vor diesem großen Haufen; denn ihr streitet nicht, sondern Gott. Morgen sollt ihr zu ihnen hinabziehen; und siehe, sie ziehen die Höhe von Ziz herauf, und ihr werdet auf sie treffen, wo das Tal endet, vor der Wüste Jeruel. Aber ihr werdet nicht streiten in dieser Sache. Tretet nur hin und stehet und sehet das Heil des Herrn, der mit euch ist, Juda und Jerusalem. Fürchtet euch nicht und zaget nicht. Morgen ziehet aus wider sie; der Herr ist mit euch. Da beugte sich Josaphat mit seinem Antlitz zur Erde; und ganz Juda und die Einwohner zu Jerusalem fielen vor dem Herrn nieder und beteten den Herrn an. Und die Leviten aus den Kindern der Kahathiter, nämlich von den Kindern der Korahiter, machten sich auf, zu loben den Herrn, den Gott Israels, mit lauter Stimme gen Himmel.

Ein Zwischenruf

Ich denke mir, dass eine große Stille über der Versammlung lag, als der König sein Gebet vor allem Volk beendet hatte. So verstehe ich den Satz: »*Das ganze Juda stand vor dem Herrn.*« Das ist der wahre und rechte Gottesdienst, wo die Gemeinde »vor den Herrn« gestellt wird. Es gibt leider so viele so genannte Gottesdienste, wo wacker gepredigt und auch gebetet und gesungen wird. Und doch ist es ein mühseliges menschliches Werkeln, wo man weder erschrickt noch erquickt wird durch das Gestelltsein vor den Herrn.

Die Stille wurde unterbrochen durch einen Mann. Dieser Jahasiel konnte sein Geschlecht durch fünf Generationen zurückverfolgen. Er gehörte also offenbar zu den angesehenen und bedeutenden Geschlechtern im Stamme Levi, dem die Sorge um die Stiftshütte und später um den Tempel und um den Gottesdienst anvertraut war. Es war für diesen Mann, der durch lange Erziehung etwas wusste von der Feierlichkeit und der Ordnung des Gottesdienstes, sicher nicht leicht, auf einmal so hervorzutreten und die Gebetsstille zu unterbrechen. Aber der Heilige Geist hatte diesen Jahasiel zum Werkzeug erkoren, der Gemeinde den Glauben zu stärken und sie zur Freude zu führen, ehe die Feinde beseitigt waren.

»*Merket auf ... so spricht der Herr!*« Der Jahasiel hat also nicht einfach »in Optimismus gemacht«. Er hatte ein klares Wort vom Herrn. Ich wüsste nichts, was uns in Nöten und Anfechtungen wirklich erheben und trösten könnte, als eine Verheißung Gottes. Darum muss die streitende und angefochtene Gemeinde Jesu Christi sich an die Bibel klammern, weil sie nur hier die Verheißungen findet, durch die sie im Glauben aufgerichtet und getröstet wird.

Der Trost des Evangeliums

»*Ihr sollt euch nicht fürchten noch zagen vor diesem großen Haufen.*« Der Herr spricht hier sehr majestätisch. Er verbietet die Angst und Furcht geradezu. Wer sich jetzt noch fürchtet, der hat zwar, menschlich gesprochen, viel Grund dazu, denn der Herr gibt selbst zu, dass es »ein großer Haufe« sei, der gegen das Volk Gottes sich aufgemacht hat. Aber alle Furcht ist jetzt Sünde, weil der Herr sie verboten hat. Wer sich nach diesem Wort Gottes noch fürchten wollte, der erklärte offen, dass er dem Worte Gottes misstraute.

Das ist wichtig für uns. Die Welt gerät immer mehr in Furcht. Und sie tut recht daran. Denn je näher wir der Endzeit kommen, desto mehr wird das Wort Jesu wahr werden: »Die Menschen werden verschmachten vor Furcht und Warten der Dinge, die da kommen sollen« (Lukas 21,26.28). Die Gemeinde des Herrn aber ist in Seiner Hand. Je mehr die Welt sich fürchtet, desto mehr heißt es bei ihr: »Hebt eure Häupter in die Höhe!«

Ihr streitet nicht, sondern Gott. « In diesem Wort ist das ganze Evangelium enthalten. Wenn ein Mensch erweckt wird und aufwacht aus dem Todesschlaf der Sünde, fängt er an, sich zu bessern. Doch bald muss er merken: Ich kann nicht streiten gegen meine eigene Natur, gegen die Sünde und gegen die Macht der Finsternis. Je mehr er kämpft, desto tiefer kommt er hinein in die Sünde.

Bis er – geistlich arm geworden – hört: »Ihr streitet nicht, sondern Gott.« Da fällt dann der

Blick auf das Kreuz des Sohnes Gottes, wo Gott selbst für den Sünder schon gestritten hat. Da hat Er ihm ein völliges Heil, ganze Gerechtigkeit und Frieden mit Gott erstritten. Nun darf er aufhören mit dem verkrampften Kämpfen und darf glauben.

Schwärmerei?

Es muss darauf hingewiesen werden, dass die Gemeinde weit entfernt war von Schwärmerei und unfruchtbarem Enthusiasmus. Es ist so seltsam: Mitten hinein in das herrliche Verheißungswort, das der Herr durch Jahasiel gab, stellte Er eine überaus nüchterne Anweisung, die den Kriegszug betraf: »*Morgen sollt ihr hinabziehen; und siehe, sie ziehen die Höhe von Ziz herauf, und ihr werdet auf sie treffen, wo das Tal endet, vor der Wüste Jeruel*« (V.16). Die Gelehrten sind sich heute nicht recht einig, wo das gewesen sein mag. Aber der Josaphat wird es wohl verstanden haben und seine Offiziere ebenso. Dadurch, dass der Herr eine solch klare Anweisung für den Kriegszug gab, wurde zweierlei bewirkt: a) Das Volk vergaß keinen Augenblick seine bedrohte Lage. Man blieb höchst nüchtern mit beiden Beinen auf dem Boden der sehr harten Tatsachen. b) Aber es wurde deutlich, dass der Herr wirklich der

Heerführer und oberste Streiter in diesem Kampf sein wollte.

Wir sehen hier den Unterschied von Schwärmerei und Glauben. Die Schwärmerei verliert den Boden unter den Füßen und erlebt, wenn sie wieder nüchtern wird, einen harten Fall. Der Glaube aber weiß beständig um die Gefährdung und um den Kampf. Doch er darf mit dem Herrn und Seinen Versprechungen rechnen.

Das vorweggenommene Lob

»... zu loben den Herrn mit lauter Stimme ...« Es gibt eine seltsame Szene in der neutestamentlichen Geschichte vom Jüngling zu Nain. Ehe der Herr irgend etwas tat, ehe Er den jungen Mann vom Tode erweckte, ehe Er Seine Macht bezeugte, ging Er zu der weinenden Witwe und sagte: »Weine nicht!« Und ich bin überzeugt: Die Frau hörte auf zu weinen, als sie dem Heiland in das Angesicht sah. Wenn Er da ist, dann ist alles schon gut, auch wenn es scheint, als habe sich die Lage gegen vorher gar nicht geändert.

Daran werden wir in unserer Geschichte erinnert. Es hat sich äußerlich nichts geändert. Die feindlichen Heere sind im Anmarsch. Tod und Verderben drohen gewaltig. Aber im

Tempel bricht der Lobgesang an. Wo vorher Erschrecken und Furcht waren, hört man nun die Freudenlieder. Warum? Der Herr hat sich mächtig kundgetan. Er hat Sein Wort gesandt und den Trost der Verheißungen durch den Heiligen Geist in den Herzen befestigen lassen. In einem der reformierten Psalmen heißt es: »Sieh, dein Herr und Gott ist nah. Halleluja, er ist da!« Diese Tatsache ist wirklicher als die drohende Gefahr. Wie gut hat es doch das Volk des Herrn, dass es seine Loblieder anstimmen kann, ehe noch der Herr eingegriffen hat!

»... *mit lauter Stimme* ...« Ich habe einmal eine Versammlung erlebt, wo man das Lied »Lobe den Herren, den mächtigen König der Ehren« sang. Ach, was war das für ein armseliges Gesinge! Einige hielten den Mund überhaupt zu, weil sie offenbar zu vornehm waren, das Lob Gottes mitzusingen. Einige bewegten ihre Lippen, um wenigstens den Gesang anzudeuten und den guten Willen zu bekunden. Und zu dem, was man hörte, hätte besser der Text: »... alles ist hin ...« gepasst. Es ist gut, dass in unseren Kirchen Orgeln sind. Nun tönen doch die wenigstens! – So war es damals in Jerusalem nicht. Sie sangen »mit lauter Stimme«. Man spürt den Worten an: Da war das Herz dabei. Da war wirklich eine unbändige Freude am Herrn. Da ging der Mund über von dem, was im Herzen war.

Kürzlich stand in dem Mitarbeiterkreis meiner Jugendarbeit ein junger Mann auf und hielt eine ernste Rede. Er sagte etwa so: »Ich habe die große Sorge, dass unsere Lieder ein äußerliches Werk, ja geradezu Gotteslästerung sind. Denn wer von uns denkt an das, was er singt? Da flüstert man zwischendurch mit seinem Nachbarn und fällt dann wieder in den Gesang ein. Da geht der Geist spazieren und sinnt alles Mögliche, nur nicht das, was der Mund singt. So sollte es nicht sein!«

Das hat uns alle tief getroffen. Denn der junge Mann hatte Recht. Es ist wichtig, was in einem Lied gesagt ist: »Unser Beten, Flehn und Singen / Lass, Herr Jesu, wohl gelingen.« »Gen Himmel« muss auch unser Singen gehen – wie bei den Kahathitern.

Machen wir uns klar: Das, was diese Gemeinde zusammenbrachte im Tempel, war der Altar, auf dem die Opfer, die Schuld-, Sünd- und Versöhnungsopfer, dargebracht wurden. Um den Altar, der den Weg zur Gnade Gottes auftat, war man versammelt. Wo sich die neutestamentliche Gemeinde zusammenfindet, ist sie auch versammelt um einen Altar, um das Kreuz von Golgatha. »Siehe, das ist Gottes

Lamm, welches der Welt Sünde wegträgt.« Dieser Mittelpunkt sollte allen Versammlungen den Ernst der Buße, die Freude der Anbetung, den Trost seliger Heilsgewissheit geben.

17. Auszug zum Kampf

2.Chronik 20,20.21: Und sie machten sich des Morgens früh auf und zogen aus zur Wüste Thekoa. Und da sie auszogen, stand Josaphat und sprach: Höret mir zu, Juda und ihr Einwohner zu Jerusalem! Glaubet an den Herrn, euren Gott, so werdet ihr sicher sein; und glaubet seinen Propheten, so werdet ihr Glück haben. Und er unterwies das Volk und bestellte die Sänger dem Herrn, dass sie lobten in heiligem Schmuck und vor den Gerüsteten herzögen und sprächen: Danket dem Herrn; denn seine Barmherzigkeit währet ewiglich.

Es muss sein

»*Und sie zogen aus.*« Es muss also ausgezogen sein. Es geht nicht ab ohne Rüstung und Kampf.

Das gilt für alle Kinder Gottes, solange wir in dieser Welt wandern. Die Bibel weiß viel zu reden von dem Kampf. Sie sagt uns: Den härtesten Kampf haben wir allezeit gegen das eigene »Fleisch und Blut« zu kämpfen. Paulus sagt im Brief an die Galater: »Das Fleisch gelüstet wider den Geist.« Und so gewiss wir im Aufblick auf das Kreuz unseres Heilandes unseres Heilsstandes gewiss werden dürfen, so gewiss wird unsere arge eigene Natur immer wieder aufbegehren gegen einen heiligen Wandel im Heiligen Geist. Darum heißt es, täglich sich zu rüsten zum Kampf – nicht um unser Heil zu schaffen (das hat Jesus am Kreuz völlig und ganz getan), sondern um Ihn, unseren Erlöser, zu verherrlichen durch Gehorsam gegen Seinen Willen.

Und welch einen Kampf hat ein Gotteskind zu kämpfen gegen die Mächte der Finsternis, die in dieser Welt herrschen! Da heißt es das eine Mal, sich bewähren gegen den Spott der Welt, das andere Mal gilt es, ein Zeugnis abzulegen und zu kämpfen um Menschen, die der Satan gefangenhält und als Werkzeuge gebraucht. Mit Beten und Ringen vor Gott, mit Zeugnis und seelsorgerlichem Nachgehen sucht ein rechtes Gotteskind dem Feind Land abzugewinnen.

Der Herr Jesus hat zwar einmal gesagt, dass wir werden sollen »wie die Kinder«. Das aber bedeutet nicht, dass im Himmel einst ein großer Kindergarten sein wird. Dort wird vielmehr ein Siegesgeschrei »bestaubter« (so drückt es Zinzendorf aus) und gekrönter Sieger zu hören sein.

»Da sie auszogen, stand Josaphat und sprach …« Was war der Tag vorher doch für ein gewaltiger Segenstag gewesen! Mit überschwenglichem Gotteslob hatte er geendet. Bei solchen gewaltigen Erlebnissen ist die Gefahr groß, dass die Herzen nicht durch den Geist Gottes erhoben, sondern seelisch erregt werden. Es ist oft nicht leicht, eine seelische Erregung von wirklichem Gotteswirken zu unterscheiden. Wir haben die Möglichkeit festzustellen, ob die Bußbewegung in Jerusalem und das Gotteslob schwärmerisch oder geistgewirkt waren. Man muss nur fragen: »Wie sah es aus am Tage nachher?« Bei der Schwärmerei folgt auf die seelische Erregung eine Art von Katzenjammer. Davon aber sehen wir in unserem Text nichts. In voller Erkenntnis der schweren Aufgabe zieht die Gemeinde in den Streit. Und sie ist froh und dankbar, dass der fromme König Josaphat ein geistliches, gutes, vollmächtiges Wort für das Heer hat.

Letzte Ermahnung

»Glaubet an den Herrn und glaubet seinen Propheten!« Welch eine köstliche, kurze und doch

unerhört inhaltsreiche Predigt hält dieser königliche Prediger und predigende König Josaphat! Seine Predigt hat zwei Teile: 1. Glaubet dem Herrn, eurem Gott. 2. Glaubet Seinem Wort! Es lohnt sich, diese beiden Predigtteile näher anzusehen.

Zu dem ersten Teil: Man hätte doch in dieser Rede vor der Schlacht erwarten können, dass der König einen starken Appell an den Willen der Kämpfer gerichtet hätte. Schließlich wäre es ja auch ein biblischer Satz gewesen, wenn er gesagt hätte: »Seid männlich und seid stark!« Doch so redet Josaphat nicht. Er spricht vom Glauben. Bei ihm heißt es (Psalm 84,6a):

»Wohl den Menschen, die dich, Herr, für ihre Stärke halten.«

Noch ein Wort zu dem zweiten Teil der königlichen Predigt. »*Glaubet seinen Propheten, so werdet ihr Glück haben.*« Das Wort der Propheten, das war Gottes Wort für Israel. Wir haben mehr. Wir haben zu dem Wort der Propheten das Wort der Apostel. Im Epheserbrief nennt Paulus das Zeugnis der Apostel und Propheten den »Grund«, auf dem die Gemeinde Jesu Christi »erbaut« ist. Das Wort der Apostel und Propheten – das ist die Heilige Schrift. »Glaubt diesem Wort!« ruft Josaphat, »so werdet ihr Glück haben.« Er will sagen:

»… so wird die Gemeinde des Herrn siegen im Streit.«

Wie wichtig ist das für uns! Die Gemeinde des Herrn kann nur siegen, wenn sie dem Wort des Herrn traut. Von unserer Stellung zur Bibel hängen Sieg und Niederlage ab. Wir wissen wohl, warum wir uns bis zum Äußersten wehren gegen jeden Geist, der der Gemeinde das Vertrauen zur Schrift untergraben will.

Seltsame Schlachtordnung

Nun stellt sich das Heer auf, um in den Kampf zu ziehen. Dabei gab es im Altertum feste Regeln: Voran zogen die leichtbewaffneten Bogenschützen, dann kamen die schwerbewaffneten Kämpfer, begleitet von Kampfwagen und Reitern.

Von all dem lesen wir hier nichts. Im Text steht: »*Und Josaphat unterwies das Volk.*« Nun ja, das war gewiss nötig. Denn solch eine seltsame und für die Vernunft verrückte Aufstellung hat es nie gegeben: An die Spitze des Heeres kamen nämlich nicht Erkundungsstreifen oder Bogenschützen, sondern – es klingt unglaublich! – die Priesterchöre, die das Lob Gottes sangen »*in heiligem Schmuck*«. Nicht Waffen trugen diese Ersten im Kriegszug, sondern priesterliche Gewänder. Als das Heer heranzog, hörte man nicht blutrünstige Schlachtgesänge, sondern Dank- und Lobchöre. »*Die Sänger dem Herrn in heiligem Schmuck zogen vor den Gerüsteten her* ...« Man hat den Eindruck: Der Josaphat hielt das Lob Gottes für eine wirkungsvolle Waffe. Das war ein seltsames Heer! Wir werden bald sehen, dass Josaphat mit seiner wunderlichen Aufstellung nicht zuschanden wurde.

18. Sieg und Beute

2.Chronik 20,22-30: Und da sie anfingen mit Danken und Loben, ließ der Herr einen Hinterhalt kommen über die Kinder Ammon und Moab und die vom Gebirge Seir, die wider Juda gekommen waren, und sie wurden geschlagen. Da standen die Kinder Ammon und Moab wider die vom Gebirge Seir, sie zu verbannen und zu vertilgen. Und da sie die vom Gebirge Seir hatten alle aufgerieben, half einer dem andern zum Verderben. Da aber Juda an die Warte kam an der Wüste, wandten sie sich gegen den Haufen; und siehe, da lagen die Leichname auf der Erde, dass keiner entronnen war. Und Josaphat kam mit seinem Volk, ihren Raub auszuteilen, und sie fanden unter ihnen so viel Güter und Kleider und köstliche Geräte und nahmen sich's, dass es auch nicht zu tragen war. Und teilten drei Tage den Raub aus; denn es war viel. Am vierten Tage aber kamen sie zusammen im Lobetal; denn daselbst lobten sie den Herrn. Daher heißt die Stätte Lobetal bis auf diesen Tag. Also kehrte jedermann von Juda und Jerusalem wieder um und Josaphat an der Spitze, dass sie gen Jerusalem zögen mit Freuden; denn der Herr hatte ihnen eine Freude gegeben an ihren Feinden. Und sie zogen in Jerusalem ein mit Psaltern, Harfen und Drommeten zum Hause des Herrn. Und die Furcht Gottes kam über alle Königreiche in den Landen, da sie hörten, dass der Herr wider die Feinde Israels gestritten hatte. Also war das Königreich Josaphats still, und Gott gab ihm Ruhe umher.

Der Herr greift ein

Man möchte gern mehr wissen, als die Bibel uns berichtet. Was war das für ein seltsamer »Hinterhalt«? Wer fiel über die Feinde her? Man könnte fast meinen, die himmlischen Heerscharen selber seien dem Josaphat zu Hilfe geeilt. Ich jedenfalls glaube, dass es so war. Die Bibel berichtet uns doch je und dann von »Heeren der Engel«, von »Wagen und Rossen«, die den Heiligen zum Schutz erschienen. Es kann allerdings auch so gewesen sein, dass irgendein heidnischer Stamm nicht mitmachte. Oder – darauf weist der folgende Vers 23 – es war bei irgendeinem der beteiligten heidnischen Könige Verrat mit im Spiel. Genug, die Bibel sagt nichts darüber. Es genügt zu wissen: Der Herr sah die Not Seines Volkes und schaffte zur rechten Zeit eine Hilfe.

Als der »Hinterhalt« im feindlichen Heer Verwirrung schaffte, brachen auf einmal all die Gegensätze wieder auf, die vorher notdürftig zusammengekleistert worden waren durch den gemeinsamen Hass gegen Gottes Volk. Als man sah, dass Juda einen wunderbaren Schutz hatte, gab man die Hoffnung auf den Sieg auf. Und nun konnte man sich wieder seinen früheren Streitigkeiten zuwenden. Da man gerade so schön unter Waffen stand, wurde daraus ein grauenvolles Gemetzel. Der Teufel, der Mörder von Anbeginn, feierte Orgien. Und der Herr ließ ihm Raum, weil diese heidnische Uneinigkeit dem Volke Gottes vollends half.

Seltsam – die Uneinigkeit der Weltleute war die Rettung des Volkes Gottes. Nicht nur damals. Das ist in der Geschichte oft geschehen, dass dem Volke Gottes der Untergang beschlossen war. Aber dann wurden die Mächtigen der Erde in ihre eigenen Kriege verwickelt – und Gottes Volk lebte weiter.

Wir sehen, dass Uneinigkeit so recht das Zeichen der Heiden ist. Wie schlimm, wenn Gottes Volk auch in diese Streitsucht verfällt und anfängt zu hassen, wo man lieben sollte!

»... ja, verbinde in der Wahrheit,
Die du selbst im Wesen bist,
Alles, was von deiner Klarheit
In der Tat erleuchtet ist.«

Ein schauerliches Bild, das uns Entsetzen einjagt, wird uns in Vers 24 gezeigt. Und doch – dies furchtbare Leichenfeld ist ein Denkmal der Hilfe des Herrn für Sein Volk. Er tritt gewaltig für die Seinen ein. Was für Gefühle durchzogen wohl das Herz des Josaphat, als er dies schaurige Leichenfeld sah! Es wird ihm ähnlich ergangen sein wie dem Volke Israel, als es beim Auszug aus Ägypten die Leichen der Ägypter am Schilfmeer sah. Da zitterten sie vor der Majestät Gottes und lobten Ihn voll Freude. Da lernten sie das Psalmwort (2,11):

»Freuet euch mit Zittern.«

Die Beute

Nicht nur Sieg, sondern auch reiche Beute schenkt der Herr Seinen Streitern. Die heidnischen Heerscharen waren ausgezogen, um

Gottes Volk zu vernichten und zu berauben. Der Herr aber dreht den Spieß um.

So gewiss die Bibel viel zu sagen weiß vom Kreuzesweg, so gewiss verkündet sie uns auch, dass Gottes Volk Sieg und Beute hat. Die Kreuzeslinie und die Siegeslinie gehen immer nebeneinander her. Das ist sicher: Ganz am Ende steht der Sieg Gottes und Seines Volkes. Und wenn Gottes Volk auch hier oft seinem Heiland auf dem Kreuzes- und Niedrigkeitsweg folgen muss, so darf es doch auch immer wieder solche herrlichen Siegestage und Freudenzeiten erleben.

»*Sie teilten drei Tage den Raub aus.*« Der Herr nahm es den Heiden und gab's Seinem Volk. So ist es immer noch. Der Herr nimmt der Welt die Freude, nach der sie dauernd trachtet, und schenkt sie Seinen Kindern. Der Herr nimmt der Welt die Hoffnung und schenkt sie Seinem Volk. Der Herr nimmt der Welt allen Trost und überschüttet Sein Volk mit Trost.

Lobetal

»*... kamen sie zusammen im Lobetal.*« Im Psalm heißt es (103,2b):

»Vergiss nicht, was er dir Gutes getan hat.«

Josaphat reißt sein Volk zum Danken. So wurde der wunderliche Kriegszug ein Zug vom Danken zum Danken. Mit Danken für die Versprechungen Gottes waren sie ausgezogen. Mit Danken für die Erfüllung der Versprechungen endete der Kriegszug. Vom Danken zum Danken! So dürfte auch unser Lebensweg aussehen, wenn wir so treu im Glauben stünden wie Josaphat. *»Daher heißt die Stätte Lobetal.«* Es stellt sich ganz von selber die Frage: Haben wir in unserem Leben auch solche Segensstätten, wo uns der Herr so deutlich und groß wurde, dass unser Herz überfloss? Haben wir solche Stätten, die uns erinnern an Seine großen Taten?

Im Vers 27 kommt das Wort »Freude« zweimal vor. Man spürt aus jeder Zeile den Jubel – nicht so sehr über den besiegten Feind (man hatte ihn ja gar nicht besiegt), sondern über die wundervolle Errettung durch den Herrn. Damit sind wir wieder bei der Grundmelodie der Bibel: Freude über Heil und Errettung, die Er gewirkt hat. Damit geht von unserem Vers eine gerade Linie zum Kreuz von Golgatha, wo uns alles Heil, alle Hilfe und alle Errettung zuteil werden.

Heimkehr

Da wäre ich gern mitgezogen, bei diesem Zug zum Hause des Herrn (V. 28). Man hört es geradezu tönen, singen und trompeten in unserem Vers.

Wenn ich diesen Jubelvers ansehe, dann überkommt mich Traurigkeit. Denn ich muss daran denken, wie wenig von solcher überschwänglichen Gottesfreude in unseren Bibelstunden, Gottesdiensten und Versammlungen zu spüren ist. Wie oft ist da nur lähmende Feierlichkeit – ohne Glanz; ein Rüchlein von trister Langeweile; Routine – ohne Erschütterung durch das Heilsgeschehen; Statik, wo Dynamik sein sollte; Staub, wo Funkeln sein sollte. Diese jubelnde Heimkehr, von der unser Text spricht, ist ein Vorbild für das, was in der Ewigkeit geschehen soll (Jes. 35,10; Offbg. 7,9-17).

19. Ein verfehltes Unternehmen

2.Chronik 20,35-37: Danach vereinigte sich Josaphat, der König Judas, mit Ahasja, dem König Israels, welcher war gottlos in seinem Tun. Und er vereinigte sich mit ihm, Schiffe zu machen, dass sie aufs Meer führen; und sie machten die Schiffe zu Ezeon-Geber. Aber Elieser, der Sohn Dodavas von Maresa, weissagte wider Josaphat und sprach: Darum, dass du dich mit Ahasja vereinigt hast, hat der Herr deine Werke zerrissen. Und die Schiffe wurden zerbrochen und konnten nicht aufs Meer fahren.

Betrogenes Herz

»*Danach vereinigte sich Josaphat ... mit Ahasja, dem König Israels, welcher war gottlos in seinem Tun.*« Wie konnte Josaphat wieder in solch eine Verbindung willigen? Einen Hinweis gibt uns 1.Könige 22,50. Dort heißt es: »Dazumal sprach Ahasja, der Sohn Ahabs, zu Josaphat: Lass meine Knechte mit deinen Knechten in Schiffen fahren. Josaphat aber wollte nicht ...« Er wollte nicht! Er wusste, dass diese Verbindung mit dem Sohn Ahabs verkehrt war. Er wollte nicht. Und dann tat er es doch. Im 1. Königsbuch steht, dass diese Schiffe in Ophir Gold holen sollten. Vom König Salomo wird berichtet: »Seine Schiffe kamen gen Ophir und holten daselbst vierhundertzwanzig Zentner Gold und brachten's dem König Salomo.« Diese Geschichte stand leuchtend in den Herzen der Bürger Judas. Sollte man diese Sache nicht wiederholen können? Ich denke, der Wunsch lebte weiter im Herzen des Josaphat, auch nachdem er dem Ahasja abgesagt hatte.

So ist das ja mit allen Wünschen unseres Herzens: Sie schweigen nicht still, auch wenn wir sie weggelegt haben. Und dann redet der Teufel der Seele zu, es sei doch gar nicht so schlimm, und man könne es doch einmal versuchen. Dem Josaphat hat der Teufel gewiss gesagt: »Salomo hat sich damals auch mit einem heidnischen König verbündet, mit Hiram von Tyrus. Also kannst du es auch tun. Denke doch nicht immer an deine alten Erfahrungen mit dem Ahab. Damals hat es sich um einen Krieg gehandelt; jetzt aber geht es um eine friedliche Sache.« Und dann wird er ihm zugeredet haben, wie viel Gutes man mit diesem Gold aus Ophir stiften könnte. Das ist ja immer ein Trick des Teufels, dass er uns rät: »Lass uns Böses tun, damit Gutes daraus komme!« So wühlten die Wünsche und Gedanken im Herzen des Josaphat, bis er weich wurde.

Und sicher hat ihm der Ahasja zugeredet: »Wenn ich religiös auch anders stehe als du, so können wir diese reine Handelsangelegenheit doch miteinander betreiben.« Kurz – Josaphat ging am Ende auf den Bund ein.

Die Sache wurde groß aufgezogen (Vers 36). Im hebräischen Text kann man lesen, dass es Tarsis-Schiffe waren. Die Tarsis-Schiffe waren große und für die damalige Zeit bewundernswerte Schiffe. Zu Ezeon-Geber wurden Werften in Gang gebracht und die Schiffe auf Kiel gelegt.

Wie oft mögen wohl Ahasja und Josaphat hier geweilt haben? Wie wurde ihr Herz immer mehr erfüllt vom Rausch des Goldes! Wie kamen sie sich immer näher und näher – der fromme Josaphat und der gottlose Ahasja!

Der Zeuge

Versetzen wir uns im Geist auf die große Werft. Da lärmen die Hämmer, da laufen die Arbeiter, da schrillen die Sägen. Und durch das Gewimmel schreiten die beiden Könige. Tiefe Befriedigung über das fortschreitende Werk steht in ihren Mienen geschrieben.

Plötzlich steht der Prophet vor ihnen und gibt eine seltsame Erklärung ab. Er sagt nicht: »Der Herr wird die Schiffe zerbrechen.« Er sagt vielmehr: »*Der Herr hat deine Werke zerrissen.*« Das ist wahre und gewisse Propheten-Sprache. Während die Schiffe noch im Bau sind, hat der Herr schon das Vernichtungsurteil über sie gesprochen. Und nun sind sie bereits so gut wie erledigt. Der Prophet kann sie als »zerrissen« bezeichnen.

Josaphat verstand diese gewaltige Sprache. Aber er meinte wohl, er könne nicht mehr zurück. So wurde der Bau fortgesetzt.

Gottes Liebe

Der Herr hat Seine Kinder lieb und lässt sie nicht ohne Sein Wort. So tritt nun der Prophet auf und warnt vor dieser Unternehmung.

Hier wird deutlich, wie unser Herr auf Seine Kinder Acht hat. Die natürliche, unerleuchtete Vernunft kann das nicht fassen, dass der große Gott, vor dem die Völker nur wie »ein Tropfen sind, der (beim Ausschütten) an einem Eimer hängenbleibt« (Jesaja 40,15) – dass dieser große Gott, »der die Sterne lenket am Himmelszelt« – dass dieser große Gott sich kümmert um jedes einzelne Seiner Kinder. Und doch lehrt uns dies die Bibel unüberhörbar. Darum lässt Er den Josaphat nicht einfach in seinem verkehrten Weg, sondern sendet ihm eine Warnung.

»Wenn er zerbricht, so hilft kein Bauen«

Im 1. Buch der Könige hören wir, dass die Schiffe noch in Ezeon-Geber zerbrochen wurden. Sie fuhren niemals aus. Die Bibel sagt uns nicht, durch was sie zerstört wurden. Vielleicht kam ein schrecklicher Sturm. Oder sie wurden durch ein Großfeuer vernichtet. Wir wissen es nicht. Man denkt an das Wort aus dem Buch Hiob (Kap. 12,14 a): »Wenn er zerbricht, so hilft kein Bauen.« Dem Josaphat mag die Zerstörung der Schiffe sehr schwer geworden sein. Aber er erfuhr sicher, was der Schreiber des Hebräerbriefes sagt (Kap. 12,11):

»So ihr die Züchtigung erduldet, so erbietet sich euch Gott als Kinder ... Alle Züchtigung aber, wenn sie da ist, dünkt uns nicht Freude, sondern Traurigkeit zu sein; aber danach wird sie geben eine friedsame Frucht der Gerechtigkeit denen, die dadurch geübt sind.«

20. Menschliche Schwachheit und Gottes Treue

2.Könige 3,6-7: Da zog zur selben Zeit aus der König Joram von Samaria und ordnete das ganze Israel und sandte hin zu Josaphat, dem König Judas, und ließ ihm sagen: Der Moabiter König ist von mir abgefallen; komm mit mir, zu streiten wider die Moabiter! Er sprach: Ich will hinaufkommen; ich bin wie du, und mein Volk wie dein Volk, und meine Rosse wie deine Rosse.

Da findet sich im 2. Königsbuch noch eine Josaphat-Geschichte. Wir wollen darauf verzichten, diese Geschichte hier ausführlich zu besprechen. Aber der Leser tut gut, wenn er sie durchliest.

Auf eine Auslegung können wir verzichten, weil diese Geschichte alles das zeigt, was wir bisher von Josaphat hörten:

Josaphats Schwachheit gegenüber heidnischen

und abgöttischen Königen. immer wieder lässt er sich in ihre ungeistlichen Unternehmungen hineinziehen. Wie wir sie kennen – diese rührende und doch so falsche Bereitschaft der Welt gegenüber!

Die Treue des himmlischen Vaters, der Josaphat in Not und Bedrängnis kommen lässt, damit er zu sich kommt. Es ist wundervoll, wie der Herr hier Sein Kind aus der Verstrickung löst. Josaphat wird in dieser Geschichte nur im Anfang erwähnt, dann nicht mehr. Wir dürfen also annehmen, dass er sich aus der ungeistlichen Verbindung rechtzeitig löste und mit den Gräueln dieses Kriegszugs nichts mehr zu tun hatte.

Josaphat sorgt dafür, dass der Prophet Elisa und damit das Wort Gottes zu Rate gezogen werden. (Man vergleiche 2.Könige 3,11 mit 2.Chronik 18,6!) Und wie bringt Gottes Wort ihn zurecht!

21. Am Ziel

2.Chronik 21,1a: Und Josaphat entschlief mit seinen Vätern und ward begraben bei seinen Vätern in der Stadt Davids.

Was war die Summe seines Lebens?

In 2.Chronik 20,32 wird es ausgesprochen:

»Und er wandelte in dem Wege seines Vaters Asa und ließ nicht davon, dass er tat, was dem Herrn wohl gefiel.«

Das mag uns vielleicht wundern, weil wir doch von Irrwegen und Sünden des Josaphat gehört haben. Aber machen wir uns klar: Wir alle brauchen bis zum letzten Atemzug die Kraft des Blutes Jesu, das uns reinigt von aller Sünde. Es geht um die Generalrichtung des Lebens, und die war bei Josaphat auf den Herrn gerichtet.

Es kann einer ein schwacher Sünder sein, der mancherlei Niederlagen erlebt. Wenn er aber auf dem Weg des Glaubens ist, dann ist er Gott lieber als ein anderer, der herrlich und moralisch hochstehend ist – aber auf dem falschen Weg. Tersteegen hat gesagt: »Mir sind die Kranken Jesu Christi lieber als die Gesunden der Welt.«

Es kann einer ein herrlicher Marschierer sein – doch das gilt vor Gott nichts, wenn er auf dem falschen Weg ist. Und es kann einer jämmerlich stolpern – und er ist Gott lieb, weil er auf dem richtigen Weg ist, – auf dem richtigen Weg, den Jesus so bezeichnet (Johannes 14,6):

»ICH bin der Weg und die Wahrheit und das Leben.«

Simson

Die vier Betrachtungsweisen

In der bunten Hauptgeschäftsstraße der schweizerischen Stadt Bern prangt ein schöner alter Brunnen. In seiner Mitte steht auf einer hohen Säule der Held Simson. In gewaltiger Kraft kniet er auf einem brüllenden Löwen. Und man sieht deutlich, dass der Löwe keine Chance mehr hat.

Von diesem Mann Simson erzählt uns das Richterbuch.

In vierfacher Weise kann man diese biblische Geschichte studieren.

1. Man liest die Geschichte, wie sie da steht, ohne weitere Deutung. Dabei staunt man, wie sehr die Menschen der Bibel uns, den Menschen heute, gleichen. Und man wird einige neue Vorstellungen von Gott bekommen.

2. Man entdeckt in Simson den Mann, der weiß um den Unterschied zwischen der Gemeinde des Herrn und der Welt. Israel ist ja nicht irgendein Volk, sondern - wie Luther sagt – »die Kirche Jesu Christi im Alten Bund«. Und die Philister, gegen die Simson sein Leben lang kämpft um die Freiheit Israels, sind ein Abbild der »Welt«, die ihre Götzen Geld, Macht, Sexus, Ehre und menschliche Autonomie anbetet. Wir werden sehen, wie Simson sich leiden-

schaftlich wehrt dagegen, dass Israel unter die Herrschaft der Philister kommt. Wie aktuell! Simson ist der Mann, der darum ringt, dass die Kirche nicht der Welt und ihrem Geist erliegt.

3. Eine dritte Betrachtungsweise: Simson muss entdecken, dass die Philister nicht nur um ihn herum und gegen ihn sind, sondern dass sie in seinem Herzen sitzen. Der Geist dieser Welt macht sich sehr bemerkbar in den Herzen auch der Leute, die dem Herrn Jesus angehören. Und es gibt alte Ausleger – wie z. B. Madame de la Mothe Guyon -, die im Kampf des Simson ein Abbild sehen des Christenkampfes gegen die alte, unzerbrochene Natur, die Gott nicht gehorsam sein will. Wie aktuell! Simson ein Mann wie wir!

4. Und dann die vierte Betrachtungsweise: Simson, der um die Befreiung des Gottesvolkes vom Joch der heidnischen Philister kämpft, ist ein Hinweis auf unsern großen Erlöser und Befreier Jesus Christus. In Richter 3,9 und 15 wird Simson (ebenso wie die anderen »Richter« Israels) ein »Heiland« genannt. Da steht dasselbe Wort, das in der Weihnachtsbotschaft vorkommt: »Euch ist heute der Heiland geboren.« Heiland – das heißt im Alten und Neuen Testament »Retter«. Das deutet darauf hin:

Simson ist ein Hinweis, eine Abschattung, ein Vorläufer des Herrn Jesus.

Apostelgeschichte 28,23 wird berichtet, dass Paulus in Rom »den Herrn Jesus predigte aus dem Gesetz Moses und den Propheten«. Ich könnte mir denken, dass er den Leuten auch aus der Simson-Geschichte heraus Jesus gezeigt hat.

Welche der vier Betrachtungsweisen sollen wir nun nehmen? Wir wollen immer alle vier im Auge behalten. Das muss man beim Lesen beachten, damit man nicht schwindelig wird, wenn bald diese, bald jene Betrachtungsweise eingeschaltet wird.

Vielleicht sagt dann jemand: »Aber hier wird ja allegorisch ausgelegt! Das darf man doch nicht!« Man darf nicht? Wer sagt denn das? In welchem menschlichen oder göttlichen Gesetzbuch ist eine allegorische Auslegung verboten?

1. Manoah

Richter 13,1-2: Und die Kinder Israel taten fürder übel vor dem Herrn; und der Herr gab sie in die Hände der Philister vierzig Jahre. Es war aber ein Mann zu Zora von einem Geschlecht der Daniter, mit Namen Manoah.

Bis Gott den Simson auftreten lässt, vergeht noch geraume Zeit. Zunächst lernen wir seinen Vater Manoah kennen.

Er gehört zum Geschlecht Dan. Dieser Stamm war nicht besonders angesehen in Israel. Der Stammvater Jakob sagte über Dan (1.Mose 49,17):

»Dan wird eine Schlange werden auf dem Wege und eine Otter auf dem Steige.«

Und in Offenbarung 7, wo die Stämme Israels genannt werden, fehlt Dan. Es gefällt Gott, aus solch einem geringen und verachteten Stamm Seinen Erwählten zu holen. Paulus sagt 1.Kor. 1,26-29:

»Sehet an, liebe Brüder, eure Berufung: Nicht viel Weise nach dem Fleisch, nicht viel Gewaltige, nicht viel Edle sind berufen. Sondern was töricht ist vor der Welt, das hat Gott erwählt, dass er die Weisen zu Schanden mache; und was schwach ist vor der Welt, das hat Gott erwählt, dass er zu Schanden mache, was stark ist; und das Unedle vor der Welt und das Verachtete hat Gott erwählt, und das da nichts ist, dass er zunichte mache, was etwas ist, auf dass sich vor ihm kein Fleisch rühme.«

Der Manoah lebte in Zora. Dieser Ort hat einen schrecklichen Namen. Zora heißt Niederlage. Der Ort hat wahrscheinlich eine trübe Geschichte, dass er einen so bösen Namen bekam. Hier möchte man anmerken, dass es viele Christen gibt, die in Zora angesiedelt sind. Ihr Leben geht von einer Niederlage zur andern. Nein, in Zora sollte man nicht wohnen.
Aber in einer bösen Zeit und einer wahrscheinlich kümmerlichen Umgebung war Manoah ein Mann, der seinem Namen Ehre machte. Manoah heißt »Ruhe«. Ruhe findet man nur im lebendigen Gott. Und wir lernen den Manoah kennen als einen Mann, der in Ihm Ruhe gefunden hat.

2. Die unfruchtbare Frau

Richter 13,2b-7: Sein Weib war unfruchtbar und gebar nicht. Und der Engel des Herrn erschien dem Weibe und sprach zu ihr: Siehe, du bist unfruchtbar und gebierst nicht; aber du wirst schwanger werden und einen Sohn gebären. So hüte dich nun, dass du nicht Wein noch starkes Getränk trinkest und nichts Unreines essest; denn du wirst schwanger werden und einen Sohn gebären, dem kein Schermesser soll aufs Haupt kommen. Denn der Knabe wird ein Geweihter Gottes sein von Mutterleibe an; und er wird anfangen, Israel zu erlösen aus der Philister Hand. Da kam das Weib und sagte es ihrem Mann an und sprach: Es kam ein Mann Gottes zu mir, und seine Gestalt war anzusehen wie ein Engel Gottes, gar erschrecklich, dass ich ihn nicht fragte, woher oder wohin; und er sagte mir nicht, wie er hieße. Er sprach aber zu mir: Siehe, du wirst schwanger werden und einen Sohn gebären. So trinke nun keinen Wein noch starkes Getränk, und iss nichts Unreines; denn der Knabe soll ein Geweihter Gottes sein von Mutterleibe an bis an seinen Tod.

Gottes langsamer und heimlicher Weg

Da will der Herr nun Seinem Volke einen Heiland geben. Es ist im Richterbuch öfter erzählt, dass der Herr einen starken, frommen jungen Mann dazu berief. Aber in der Simsongeschichte geht es anders zu. Die fängt an, lange ehe Simson geboren ist. Ja, es fängt damit an, dass der Herr eine unfruchtbare Frau beruft, die Mutter des Simson zu werden.

Die Geschichte läuft also sehr langsam an. Es wird hier deutlich, dass Gott unendlich viel Zeit hat. Vom Teufel heißt es einmal in der Bibel, dass er keine Zeit habe. Darum ist das Wesen der von ihm beherrschten Welt Eile und Hetze. Den Frommen in Israel, die um einen Heiland beteten, mag die Zeit oft lang geworden sein. So ist es der Gemeinde des Herrn lang geworden bis zur Wiederkunft Jesu, dass das letzte Buch der Bibel geradezu mit dem Schrei schließt: »Komme bald, Herr Jesu!«

Durchs Gedränge

Es galt im alttestamentlichen Volk Gottes als eine große Schmach, wenn eine Frau kinderlos war. Und doch sehen wir an einer ganzen Reihe der auserwählten alttestamentlichen Frauen, dass der Herr sie lange unfruchtbar sein ließ. So ging es der Sara und der Rebekka, der Rahel und der Hanna. Und nun auch der Frau des Manoah.

So ist Gottes Weg mit den Menschen, mit denen Er etwas Besonderes vorhat. Er führt sie durch Zerbrechen. Er stellt sich gegen sie, als wenn Er ihr Feind wäre. Er lässt sie notvolle und beschwerliche Wege gehen. Man kann das nur verstehen, wenn man das Wort Maleachi 3,3 liest:

> »Er wird sitzen und schmelzen und das Silber reinigen; er wird sie reinigen und läutern wie Gold und Silber.«

Ich denke mir, die Frau des Manoah lernte in dieser Zeit ihrer Schmach, ihre Hoffnung ganz auf den Herrn zu setzen. Und das Beten wird sie gelernt haben in dieser Zeit. Und dann erfuhr sie, was Paul Gerhardt in einem Lied so wundervoll ausdrückt:

> »Wenn der Winter ausgeschnetet,
> Tritt der schöne Sommer ein.
> Also wird auch nach der Pein,
> Wer's erwarten kann, erfreuet.
> Alles Ding währt seine Zeit,
> Gottes Lieb in Ewigkeit.«

Sie erlebt die ganz große Stunde, in der der Engel des Herrn sie aufsucht und ihr die Verheißung gibt, dass sie einen ganz besonderen Sohn haben wird.

Die unfruchtbare Frau – ein Bild der Gemeinde

Im Propheten Jesaja ist die unfruchtbare Frau ein Bild der Gemeinde, in der geistlich nichts geschieht. Wie wir das kennen! Da ist etwa ein Bibelstundenkreis oder ein Jugendkreis. Die Stunden werden treu und regelmäßig gehalten. Aber es sind immer dieselben wenigen Leute da. Es ist nichts zu sehen von den Siegen Jesu Christi. Der Kreis ist wie ein toter Stein, von dem keine Wirkung ausgeht. Er ist in der Tat wie eine unfruchtbare Frau.

Solche Kreise sollten den Mut nicht verlieren. Sie sollten vielmehr dem Herrn zutrauen, dass Er ein Neues schaffen kann. Sie sollten im Glauben solche Worte ergreifen wie Jesaja 54,1ff:

»Rühme, du Unfruchtbare, die du nicht gebierst! … Denn die Einsame hat mehr Kinder als die den Mann hat, spricht der Herr … denn du wirst ausbrechen zur Rechten und zur Linken; denn der Herr hat dich zu sich gerufen wie ein verlassenes und von Herzen betrübtes Weib.«

Und Jesaja 49,20:

»Die Kinder deiner Unfruchtbarkeit werden noch sagen vor deinen Ohren: Der Raum ist mir zu eng; rücke hin, dass ich bei dir wohnen möge. Du aber wirst sagen in deinem Herzen: Wer hat mir diese geboren? Ich war unfruchtbar …«

Die Verheißung

Die Frau des Manoah erlebt die ganz große Stunde, wo der Engel des Herrn ihr einen Sohn verspricht. Einen ganz besonderen Sohn! »*Der Knabe wird ein Geweihter Gottes sein von Mutterleibe an.*«

Wie mag der Frau zumute gewesen sein, dass nun der Herr ihrer Schmach ein Ende macht und sie zu Hohem erwählt! So ist einer Seele zu Mute, die von ihrem Gewissen verklagt und von Gott verstoßen war, wenn die Verheißung Gottes in ihre Dunkelheit fällt, wenn das Kreuz vor ihre Augen gestellt wird und sie hört: »Fürchte dich nicht, denn ich habe dich erlöst. Ich habe dich bei deinem Namen gerufen, du bist mein« (Jesaja 43,1).

Der Besuch des Engels bei der Frau und die Verheißung auf den auserwählten Sohn – das erinnert jeden Kenner der Bibel an die neutestamentliche Geschichte von dem Engelbesuch bei Maria und seiner Verheißung. Hier werden wir wieder darauf geführt, dass der Simson eine Abschattung, ein Vorbild Jesu ist.

3. Gott kommt zu Menschen

Richter 13,8-20: Da bat Manoah den Herrn und sprach: Ach Herr, lass den Mann Gottes wieder zu uns kommen, den du gesandt hast, dass er uns lehre, was wir mit dem Knaben tun sollen, der geboren soll werden. Und Gott erhörte die Stimme Manoahs; und der Engel Gottes kam wieder zum Weibe. Sie saß aber auf dem Felde, und ihr Mann Manoah war nicht bei ihr. Da lief sie eilend und sagte es ihrem Mann an. Manoah machte sich auf und kam zu dem Mann und sprach zu ihm: Wenn nun kommen wird, was du geredet hast, welches soll des Knaben Weise und Werk sein? Der Engel des Herrn sprach zu Manoah: Vor allem, was ich dem Weibe gesagt habe, soll sie sich hüten. Sie soll nicht essen, was aus dem Weinstock kommt, und soll keinen Wein noch starkes Getränk trinken und nichts Unreines essen; alles, was ich ihr geboten habe, soll sie halten. Manoah sprach zum Engel des Herrn: Lass dich doch halten; wir wollen dir ein Ziegenböcklein zurichten. Aber der Engel des Herrn antwortete Manoah: Wenn du gleich mich hier hältst, so esse ich doch von deiner Speise nicht. Willst du aber dem Herrn ein Brandopfer tun, so magst du es opfern. Denn Manoah wusste nicht, dass es der Engel des Herrn war. Und Manoah sprach zum Engel des Herrn: Wie heißest du? dass wir dich preisen, wenn nun kommt, was du geredet hast. Aber der Engel des Herrn sprach zu ihm: Warum fragst du nach meinem Namen, der doch wundersam ist? Da nahm Manoah ein Ziegenböcklein und Speisopfer und opferte es auf einem Fels dem Herrn. Und er tat Wunderbares – Manoah aber und sein Weib sahen zu -; denn da die Lohe auffuhr vom Altar gen Himmel, fuhr der Engel des Herrn in der Lohe des

Altars hinauf. Da das Manoah und sein Weib sahen, fielen sie zur Erde auf ihr Angesicht.

Der Engel des Herrn

Als der Engel zu Maria kam, um die Menschwerdung Gottes anzukündigen, handelte es sich um einen wirklichen Engel, das heißt um einen der großen Boten Gottes (Engel heißt zu deutsch »Bote«), die vor dem Thron Gottes stehen und Ihm dienen. Aber in unserem Text ist der »Engel des Herrn« doch wohl ein Größerer. Hier ist mit dem Namen »Engel des Herrn« der genannt, dem die Engel dienen: der Sohn Gottes. Hier haben wir Christus im Alten Testament.

Woher wissen wir das?

Manoah bringt in unserer Geschichte dem »Engel des Herrn« ein Opfer dar. Und zwar ein blutiges Opfer. Das heißt: Er betet ihn an. Einer der Boten Gottes, der gewöhnlichen Engel, würde solch ein Opfer und die Anbetung nie angenommen haben. In Offenbarung 19,10 und in Offenbarung 22,8f wird uns erzählt, dass Johannes vor einem gewaltigen Engel Gottes niederfiel, um ihn anzubeten. Beide Male fährt der Engel erschrocken dazwischen, wehrt dem Johannes und sagt: »Bete Gott an!« Hier aber lässt der »Engel des Herrn« sich das Opfer gefallen.

Und später in Vers 22 sagt Manoah selbst: »Wir haben Gott gesehen.« Der Sohn Gottes, der in der Fülle der Zeit Mensch wurde, ist je und dann im Alten Bunde erschienen. Es muss sich bei dem Simson also um einen besonders auserwählten Mann gehandelt haben, dass der Sohn Gottes selber seine Geburt ankündigt.

Dass der Engel des Herrn die zweite Person des dreieinigen Gottes ist, wird auch deutlich aus der Antwort, die Er dem Manoah gibt, als der fragt: *»Wie heißest du?«* Er antwortet: *»Mein Name ist wundersam.«* Der Name wird noch nicht offenbart. Er wird nur angekündigt, dieser wundersam starke Name, vor dem die Dämonen fliehen und in dem alles Heil für verlorene Menschen beschlossen liegt: der Name Jesus.

Ja, es ist Jesus, der hier auftritt. Denn Er spricht von dem Thema, das nach seiner Menschwerdung Sein ganzes Leben erfüllen wird: von der Erlösung.

Und ist nicht Sein merkwürdiges Verschwinden ein Vorbild der herrlichen Himmelfahrt, von der uns die Evangelien erzählen?

Die Klarheit bei Manoah

Er bringt ein Opfer dar. Und zwar ein blutiges Opfer. Er schlachtet ein Ziegenböcklein. Manoah weiß, dass man ein blutiges Opfer braucht, wenn man vor Gott steht. Jedes Opfer ist im Grunde ein Wissen darum, dass das Tier an meiner Stelle stirbt. Für uns sind diese Opfer abgelöst durch das Opfer Jesu am Kreuz von Golgatha (Joh. 1,29):

> »Siehe, das ist Gottes Lamm, welches der Welt Sünde trägt.«

Man kann vor dem heiligen Gott nicht stehen, wenn man dieses blutige Opfer des Lammes Gottes nicht im Glauben annimmt.
Neben dem blutigen Opfer aber opfert Manoah Speisopfer (V.19). Dieses Speisopfer im Alten Bund bestand aus Mehl und Öl. Es ist ein Sinnbild der völligen Hingabe an den Herrn (zerriebenes Korn, gepreßte Olive).

Die Unklarheit bei Manoah

Manoah ist zunächst völlig im unklaren darüber, wen er vor sich hat (V.16c). Er meint, dass dieser Engel ihn aufgefordert habe, Gott ein Opfer zu bringen. Aber als der Engel in der Lohe des Feuers in die unsichtbare Welt zurückgeht, wird ihm klar, mit wem er es zu tun hatte.
Viele Christen unserer Zeit gleichen diesem Manoah, diesem Mann aus dem Alten Testa-

ment. Sie glauben an Gott, sie beten vielleicht zu Ihm. Aber sie sind sich völlig unklar über den Herrn Jesus Christus. Manoah bekam Klarheit. Es ging bei ihm aus der verworrenen Erkenntnis zum klaren Erkennen Jesu Christi. So sollte es auch bei uns sein.

4. Todesschrecken

Richter 13,21-23: Und der Engel des Herrn erschien nicht mehr Manoah und seinem Weibe. Da erkannte Manoah, dass es der Engel des Herrn war, und sprach zu seinem Weibe: Wir müssen des Todes sterben, dass wir Gott gesehen haben. Aber sein Weib antwortete ihm: Wenn der Herr Lust hätte, uns zu töten, so hätte er das Brandopfer und Speiseopfer nicht genommen von unsern Händen, er hätte uns auch nicht solches alles erzeigt noch uns solches hören lassen, wie jetzt geschehen ist.

Ein kluger Mann

»... *dass wir Gott gesehen haben*«, sagt Manoah. Jesus sagt Johannes 14,9:

»Wer mich sieht, der sieht den Vater.«

Über dieser Begegnung nun befällt den Manoah ein tödlicher Schrecken. Diesen Schrecken erlebte Petrus, als er nach dem Fischzug zum Herrn Jesus sagte (Luk. 5,8):

»Gehe von mir hinaus! Ich bin ein sündiger Mensch.«

Diesen Schrecken erlebte Jesaja, als er den Herrn sah und rief (Jes. 6,5):

»Weh mir, ich bin unreiner Lippen ... denn ich habe den Herrn gesehen.«

Und wer von uns in das Licht Seines Angesichts kommt, lernt diesen Schrecken kennen. Denn in einer solchen Begegnung geht uns erst auf, wie böse und schmutzig und verloren unser ganzes Wesen ist.
Manoah hat also ganz richtig kombiniert: Weil wir bösen, sündigen Leute gewagt haben, mit Ihm zu reden und vor Ihm zu stehen, müssen wir des Todes sterben.

Eine noch klügere Frau

Aber seine Frau ist noch klüger. Es handelt sich hier nicht um eine irdische Klugheit, sondern um eine geistliche Klugheit. Sie erinnert an die früheren Erfahrungen mit dem Herrn. Sie sagt: Er hätte nicht mit uns geredet, wenn

Er uns töten wollte. Er hätte die Opfer nicht von unserer Hand genommen, wenn Er es böse mit uns meinte. Und darum dürfen wir nun schließen, dass Er uns nicht töten, sondern dass Er uns das Leben geben will.

Das gehört zur geistlichen Klugheit, dass man aus seinen früheren Erfahrungen mit dem Herrn lernt. In Psalm 103 heißt es:

»Vergiss nicht, was er dir Gutes getan hat.«

5. Simson tritt auf

Richter 13,24.25: Und das Weib gebar einen Sohn und hieß ihn Simson. Und der Knabe wuchs, und der Herr segnete ihn. Und der Geist des Herrn fing an, ihn zu treiben im Lager Dan zwischen Zora und Esthaol.

Der Name »Simson«

Der hebräische Stamm dieses Namens hängt mit dem Wort »Sonne« zusammen. Man könnte Simson übersetzen mit »die kleine Sonne« oder »das Sönnlein«. Wie weist dieser Name hin auf das große, gewaltige Licht der Welt, auf den Herrn Jesus! Dass Simson eine kleine Sonne ist, zeigt, dass wir bei ihm wohl Andeutungen auf Jesus finden werden; aber unser Erlöser ist er so wenig wie irgendein anderer gewaltiger Mensch. Für uns muss es heißen: »Die Sonne, die mir lachet, / Ist mein Herr Jesu Christ ...«

Er wuchs, und der Herr segnete ihn

»*Und der Knabe wuchs ...*« Nun, das ist eigentlich selbstverständlich. Jedes Baby wächst. Warum wird das hier ausdrücklich erwähnt? Hier wird angedeutet, dass der Simson durch ein gewaltiges körperliches und geistiges Wachstum ausgezeichnet war. »Das ist ein Kerl!« sagen wir wohl von einem Mann, der uns imponiert. Und der Simson wurde so »ein Kerl«. Er war ein großer Held, der gewaltige Taten verrichtet hat. Er war ein bewundernswerter Mann, angetan mit Kraft und Schönheit.

Und doch wäre das nichts, wenn nicht das andere dabeistände: »*Und der Herr segnete ihn.*« Ich erinnere mich, wie ich einmal in einem norwegischen Gefängnis einen Mörder besuchte. Dieser junge Matrose war hinreißend in seiner vitalen Männlichkeit. Aber welch ein ungesegneter Mann war er!

Was heißt denn das: »der Herr segnete ihn«? Ich glaube, in diesem Fall dürfen wir es so ausdrücken: Simson konnte singen: »Der Herr ist mein Hirte.« Und: »In ihm darf ich mich freuen, / Hab einen Heldenmut.«

Erfüllt mit dem Heiligen Geist

»*Und der Geist des Herrn fing an, ihn zu treiben.*« Am Pfingsttage wurde der Heilige Geist ausgegossen »über alles Fleisch«. Wer sich jetzt diesem Geist öffnen will, darf Ihn haben. Im Alten Bund waren nur einzelne Auserwählte erfüllt mit dem Heiligen Geist: David, die Propheten und nun auch Simson.
Dieser Geist »treibt«. Er ist eine Kraft im Menschenherzen. Er treibt, die Werke Gottes zu tun; Er treibt, Früchte der Gerechtigkeit zu bringen; Er treibt zum Gebet; Er treibt, die Verlorenen zu suchen; Er treibt, das Reich Gottes zu bauen. So trieb der Geist Gottes den Simson in seine eigentliche Aufgabe hinein.

Zwischen Zora und Esthaol

Diese beiden Orte bezeichnen zunächst die Grenzen, zwischen denen Simson den Kampf mit den Philistern begann.
Aber wenn wir näher zusehen, dann bezeichnen sie die Grenzen, zwischen denen sein ganzes Leben verlief. Zora heißt nämlich »Niederlage«. Und Esthaol heißt »Begehren« oder »Bitte«. Simson war ein Eigentum des Herrn, weil der Herr ihn erwählt hatte. Aber wie viel Niederlagen kennt sein Leben! Doch er bleibt

nie am Boden liegen. Immer wieder ergreift er glaubend die Hand des Herrn und wird ein rechter Beter und Anrufer. Ich glaube, das Leben eines jeden Christen bewegt sich zwischen Zora und Esthaol.

6. Eine verzwickte Liebesgeschichte

Richter 14,1-4: Simson ging hinab gen Thimnath und sah ein Weib zu Thimnath unter den Töchtern der Philister. Und da er heraufkam, sagte er's an seinem Vater und seiner Mutter und sprach: Ich habe ein Weib gesehen zu Thimnath unter den Töchtern der Philister; gebt mir nun diese zum Weibe. Sein Vater und seine Mutter sprachen zu ihm: Ist denn nun kein Weib unter den Töchtern deiner Brüder und in allem deinen Volk, dass du hingehst und nimmst ein Weib bei den Philistern, die unbeschnitten sind? Simson sprach zu seinem Vater: Gib mir diese; denn sie gefällt meinen Augen. Aber sein Vater und seine Mutter wussten nicht, dass es von dem Herrn wäre; denn er suchte Ursache wider die Philister. Die Philister aber herrschten zu der Zeit über Israel.

Ins verlorene Land

In Richter 1,34 lesen wir:

»Und die Amoriter drängten die Kinder

Dan aufs Gebirge und ließen nicht zu, dass sie herunter in den Grund kämen.«

Unter dem Namen »Amoriter« ist wohl hier die ganze Einwohnerschaft Kanaans zusammengefasst. Bei der näheren Ausführung erfahren wir dann, dass es sich um den Stamm der Philister handelt. Israel hat dieses Land gelegentlich erorbert. Aber nun ließ der Herr um der Sünde Israels willen zu, dass die heidnischen Philister hier saßen.

Israel hatte sich jämmerlicherweise damit abgefunden (Richter 15,11). Simson aber konnte sich mit der Niederlage und Armseligkeit Israels nicht abfinden. Er gleicht dem Nehemia. Der war ein großer Mann in Persien. Doch als er hörte, dass Jerusalem jämmerlich zerstört sei, trug er Leid und ruhte nicht, bis es aufgebaut wurde.

Es gibt so viele Christen, die sich abfinden mit der Armseligkeit der Christenheit, die sich nicht regen, wenn die Kirche Jesu Land verliert. Da möchte man beten:

»Wach auf, du Geist der ersten Zeugen ...!«

Weil Simson dies Land als Gottes Land ansah, darum ging er hinab in das verlorene Land.

Die Eltern haben Recht

In Thimnath findet Simson ein heidnisches

Mädchen, das seinen Augen gefällt. Er will es heiraten. Die Eltern sind entsetzt. Sie haben völlig recht. In 5.Mose 7,3f steht:

> »Eure Töchter sollt ihr nicht geben ihren Söhnen. Und ihre Töchter sollt ihr nicht nehmen euren Söhnen. Denn sie werden eure Söhne mir abfällig machen, dass sie andern Göttern dienen; so wird dann des Herrn Zorn ergrimmen ...«

Das galt für jeden jungen Mann und für jedes Mädchen in Israel. Es galt aber ganz besonders für den Simson, der ja ein Geweihter des Herrn war. Sein Haar, das nicht geschnitten wurde, erinnerte ihn beständig daran.
So hatten die Eltern sehr Recht. Und sie haben heute noch Recht, wenn sie gläubige junge Leute warnen, einen ungläubigen Ehepartner zu suchen.

Simson hat auch Recht

Es steht hier: »*Aber sein Vater und seine Mutter wussten nicht, dass es von dem Herrn wäre.*« Simson hat eine besondere Führung. Der Herr führt ihn ganz eng hinein in das Philistergeschlecht – nicht damit er das heidnische Wesen und den heidnischen Glauben annehme,

sondern damit er hier die Sache des Herrn vertrete. Darin war Simson ganz gewiss.
Der Herr hat je und dann Seine Leute so in die Welt hineingeführt. Das ist ein sehr gefährlicher Posten, und man braucht dort eine besondere Bewahrung.

Simson – ein Vorbild Jesu

Wie Simson ging der Sohn Gottes aus der ewigen Welt des Vaters »hinab« in die verlorene Welt. Wie Simson hatte der Sohn Gottes ein ganz schweres Amt, als Er in der verlorenen Welt die Sache Gottes vertrat. Auch Er wurde gewaltig versucht. Wie Simson sucht der Herr Jesus in der verlorenen Welt eine Braut, nämlich Seine Gemeinde. Immer wieder wird in der Bibel dies Bild gebraucht. Hosea 2,21f:

> »Ich will mich mit dir verloben in Ewigkeit; ich will mich mit dir vertrauen in Gerechtigkeit und Gericht, in Gnade und Barmherzigkeit. Ja, im Glauben will ich mich mit dir verloben, und du wirst den Herrn erkennen.«

7. Der Löwe

Richter 14,5-9: Also ging Simson hinab mit seinem Vater und seiner Mutter gen Thimnath. Und als sie kamen an die Weinberge zu Thimnath, siehe, da kam ein junger Löwe brüllend ihm entgegen. Und der Geist des Herrn geriet über ihn, und er zeriss ihn, wie man ein Böcklein zerreißt, und hatte doch gar nichts in seiner Hand. Und sagte es nicht an seinem Vater noch seiner Mutter, was er getan hatte. Da er nun hinabkam, redete er mit dem Weibe, und sie gefiel Simson in seinen Augen. Und nach etlichen Tagen kam er wieder, dass er sie nähme; und trat aus dem Wege, dass er das Aas des Löwen besähe. Siehe, da war ein Bienenschwarm in dem Leibe des Löwen und Honig. Und er nahm ihn in seine Hand und aß davon unterwegs und ging zu seinem Vater und zu seiner Mutter und gab ihnen, dass sie auch aßen. Er sagte ihnen aber nicht an, dass er den Honig aus des Löwen Leibe genommen hatte.

Das Bild des Herrn Jesu

Der Erweckungsprediger Spurgeon hat über diese Geschichte eine wundervolle Predigt geschrieben, von der ich mich in diesem Abschnitt ein wenig leiten lasse. Spurgeon sagt:

> Dies ist der kleine Auftritt, auf den ich eure Blicke lenken möchte. Es scheint mir, dass der israelitische Held, einen erschlagenen Löwen im Hintergrunde, die Hände voll Honigscheiben und von Honig triefend,

den er seinen Eltern darbietet, ein schönes Bild ist, würdig des größten Künstlers. Und was für ein Vorbild haben wir hier von unsrem göttlichen Herrn und Meister, Jesus, dem Überwinder von Tod und Hölle. Er hat den Löwen getötet, der Ihn und uns anbrüllte. Er hat »Sieg« gejauchzt über all unsre Feinde. »Es ist vollbracht«, war sein Triumphgesang; und nun steht Er inmitten Seiner Gemeinde, die Hände voll Süßigkeit und Trost, die Er denen darbietet, von denen Er sagt: »Der ist mein Bruder, und meine Schwester, und meine Mutter.« Jedwedem von uns, der an Ihn glaubt, gibt Er die süße Frucht, die Er uns durch den Sturz Seiner Feinde bereitet hat; Er heißt uns kommen und essen, damit unser Leben versüßt und unser Herz mit Freuden erfüllt werde. Mir scheint der Vergleich äußerst passend und anregend: Ich sehe unsren triumphierenden Herrn mit Süßigkeit beladen, die Er all Seinen Brüdern darbietet und sie einladet, an Seiner Freude teilzunehmen.

Man kommt aus den Kämpfen nicht heraus

Simson hat immer Kampf, im Lager Dan, auf dem Weg zur Verlobung und weiterhin. So ist das mit den Menschen, die Gott gehören. Sie kommen aus den Kämpfen nicht heraus. Paulus sagt (1.Tim. 6,12):

»Kämpfe den guten Kampf des Glaubens.«

Und Epheser 6,12:

»Wir haben nicht mit Fleisch und Blut zu kämpfen, sondern mit Fürsten und Gewaltigen ... die in der Finsternis dieser Welt herrschen, mit den bösen Geistern unter dem Himmel.«

Von einem »*Löwen*« wurde Simson angefallen. Die Bibel sagt (1.Petrus 5,8):

»Der Teufel geht umher wie ein brüllender Löwe und sucht, welchen er verschlinge.«

Man kommt aus den Kämpfen nicht heraus? Es gibt ein schönes Lied von Zinzendorf. Darin schildert er den erfahrenen Glaubensstreiter:

»*Wenn ein Streiter, der in seinem Panzer*
Ehrsam grau geworden ist,
Der Erfahrung nach auch immer ganzer
Und, gewöhnt an Jesum Christ,

*Endlich teilhaft wird vor Gottes Throne
Der ihm zugedachten Ehrenkrone,
Wirft sein Patriarchenblick
Scham und Freud und Dank zurück.«*

Es ist so charakteristisch in unserer Geschichte, dass Simson von dem Löwen überfallen wird, als er gar nicht darauf vorbereitet ist. Mit Liebesgedanken erfüllt, wandert er fröhlich nach Thimnath. Da überfällt ihn der Löwe. Genauso macht es der Teufel mit allen Kindern Gottes. Simson hatte »*gar nichts in seiner Hand*«. Das ist die Lage aller Kinder Gottes, die doch »mit den bösen Geistern unter dem Himmel« kämpfen sollen. In unsern geistlichen Kämpfen hilft uns nicht Weisheit. Es hilft auch nicht moralische Stärke. Es helfen nicht gute Entschlüsse. Es rettet uns nicht eine gute Erziehung. Wir haben nichts in der Hand.

Aber hier steht: »*Der Geist des Herrn geriet über ihn.*« Wie wichtig ist es, dass die Kinder Gottes erfüllt sind mit dem Geist Gottes! Lasst uns Ihm Raum geben! Er macht uns stark. Er gibt uns Sieg. Darum sagt Paulus nicht einfach: »Liebe Brüder, seid stark!«, sondern (Eph. 6,10):

»Seid stark in dem Herrn und in der Macht seiner Stärke.«

Wir müssen auch darauf achten, dass Simson den Löwen nicht nur verjagt, sondern dass er ihn zerrissen hat. Unser Herr Jesus, der uns mit Seinem Blut erkauft hat, will uns nicht nur halbe Siege schenken, sondern ganze Siege. Dass wir doch in unsern Kämpfen nicht so anspruchslos wären!

Der Ertrag der Kämpfe ist Süßigkeit

Simson hätte den Honig nicht gefunden, wenn er nicht den Löwen besiegt hätte. Wo man den Kampf des Glaubens nicht ehrlich kämpft, lernt man auch die Süßigkeit des Glaubens nicht kennen. Vergebung der Sünde und ihre Erquickung kennt nur der, der den Kampf gegen die Sünde ganz ernst genommen hat. Die Freude am Herrn wird uns nur geschenkt, wenn wir Fleisch und Blut in den Tod gegeben haben. Und aus allen Leiden unsres Lebens kommt am Ende Friede und Freude heraus, wenn wir sie an der Hand des Herrn glaubend durchstehen. Ja, selbst der Tod hat für den Christen am Ende Süßigkeit – das ewige Leben (1.Joh. 3,2):

»Wir werden ihn sehen, wie er ist.«

Kämpfer des Glaubens können andere beschenken. Simson bringt seinen Eltern die

Hände voll Honig. Christen, die den Kampf des Glaubens aufrichtig durchkämpfen, können trösten, erquicken, aufrichten. Sie haben den andern etwas zu geben.

Der Kampf geschah zur Ehre Gottes

Als Simson zu seinen Eltern zurückkommt, erzählt er kein Wort von dem Löwen. Er renommiert nicht mit seinem Sieg. Er weiß, dass das ein Sieg Gottes ist. Spurgeon erzählt eine hübsche Geschichte dazu: Ein Lehrer fragt in der Schule: Wozu ist die Uhr da? Antwort: Sie soll die Zeit anzeigen. Der Lehrer: Und wenn sie die Zeit nicht anzeigt? Antwort: Dann ist sie nutzlos. – Wozu ist ein Bleistift da? Zum Schreiben! Und wenn man mit ihm nicht schreiben kann? Dann ist er nutzlos. – Wozu ist der Mensch da? Dass er Gott verherrlicht. Und wenn er Gott nicht verherrlicht? Dann ist er nutzlos.

8. Eine wunderliche Hochzeit

Richter 14,10-19: Und da sein Vater hinabkam zu dem Weibe, machte Simson daselbst eine Hochzeit, wie die Jünglinge zu tun pflegen. Und da sie ihn sahen, gaben sie ihm dreißig Gesellen zu, die bei ihm sein sollten. Simson aber sprach zu ihnen: Ich will euch ein Rätsel aufgeben. Wenn ihr mir das erratet und trefft diese sieben Tage der Hochzeit, so will ich euch dreißig Hemden geben und dreißig Feierkleider. Könnt ihr's aber nicht erraten, so sollt ihr mir dreißig Hemden und dreißig Feierkleider geben. Und sie sprachen zu ihm: Gib dein Rätsel auf! Lass uns hören! Er sprach zu ihnen: Speise ging von dem Fresser und Süßigkeit von dem Starken. Und sie konnten in drei Tagen das Rätsel nicht erraten. Am siebenten Tage sprachen sie zu Simsons Weibe: Überrede deinen Mann, dass er uns sage das Rätsel, oder wir werden dich und deines Vaters Haus mit Feuer verbrennen. Habt ihr uns hieher geladen, dass ihr uns arm macht? Oder nicht? Da weinte Simsons Weib vor ihm und sprach: Du bist mir gram und hast mich nicht lieb. Du hast den Kindern meines Volkes ein Rätsel aufgegeben und hast mir's nicht gesagt. Er aber sprach zu ihr: Siehe, ich habe es meinem Vater und meiner Mutter nicht gesagt und sollte dir's sagen? Und sie weinte die sieben Tage vor ihm, da sie Hochzeit hatten; aber am siebenten Tage sagte er's ihr, denn sie drängte ihn. Und sie sagte das Rätsel ihres Volkes Kindern. Da sprachen die Männer zu ihm: Was ist süßer denn Honig? Was ist stärker denn der Löwe? Aber er sprach zu ihnen: Wenn ihr nicht hättet mit meinem Kalb gepflügt, ihr hättet mein Rätsel nicht getroffen. Und der Geist des Herrn geriet über ihn, und er ging hinab gen Askalon und schlug dreißig Mann unter ihnen und nahm ihr Gewand und gab Feierkleider denen, die das Rätsel erraten hatten. Und ergrimmte in seinem Zorn und ging herauf in seines Vaters Haus.

Ein Fund für Archäologen

Wir erfahren hier allerhand über Hochzeitssitten in alter Zeit. Sieben Tage lang dauert die Feier. Und der Bräutigam bekommt ein Ehrengeleit gestellt aus der Verwandtschaft der Braut ... Aber all diese Dinge interessieren uns jetzt nicht so sehr. Uns interessieren die geistlichen Dinge.

Die verborgene Hand wird offenbar

Gottes Regiment ist sehr verborgen. Jesaja 55,8:

»Meine Gedanken sind nicht eure Gedanken, und eure Wege sind nicht meine Wege, spricht der Herr.«

Aber Psalm 103,7 heißt es:

»Er hat seine Wege Mose wissen lassen.«

Wir wissen nur so viel von Gott, als Er uns

offenbart. Hier wird etwas von Seinen Gedanken offenbart:
Bei dieser Hochzeit saß der Mann aus Israel unter den Philistern. Jesus aber hat gesagt (Matth. 10,34):

> »Ich bin nicht gekommen, Frieden zu senden, sondern das Schwert.«

Der Herr will nicht, dass die Gemeinde aufgeht in der Welt. Darum reißt Er hier Simson und die Philister auseinander. In Richter 14,4 heißt es:

> »Es war vom Herrn, denn er suchte Ursache wider die Philister.«

So kommt es also auf dieser Hochzeit zum Streit zwischen Simson und den Philistern. Feuer und Wasser vertragen sich nicht. Und die Feste der Kinder Gottes und der Welt sind wie Feuer und Wasser. Simson hat einen anderen Geist als die Philister. Das muss offenbar werden.

Das Rätsel

Simson gibt seinen Gesellen ein Rätsel auf, das von dem zerrissenen Löwen und der Süßigkeit handelt. Geben die Kinder Gottes der Welt nicht allezeit dieses Rätsel auf? Das ist ihr Geheimnis, das die Welt nicht versteht, dass sie durch den Geist Gottes Sieg haben über den Teufel und über das eigene Ich. Die Welt wird es nie begreifen, dass gerade aus dem, was der Welt fürchterlich erscheint, die größte Süßigkeit für die Christen kommt: nämlich aus dem Sterben des eigenen Ich.

Die Frau des Simson

Die Philister wenden sich in ihrer Verlegenheit an die Frau Simsons. Sie drohen, sie samt ihres Vaters Haus zu verbrennen, wenn sie ihnen das Rätsel nicht sagt. So fragt und plagt sie ihren Mann sieben Tage lang. Und der Mann gibt schließlich nach. Hier wird Simsons Schwäche zum ersten Mal offenbar. Dazu sagt ein origineller schwäbischer Ausleger, Friedrich Mayer: »Einem Weibermann soll man nichts sagen, als was man ebensogut ins Wochenblatt schreiben könnte.«

Simson beginnt seine Siege

»Der Geist des Herrn geriet über ihn, und er ging hinab gen Askalon und schlug dreißig Mann.« Wir sind auf einer falschen Spur, wenn wir hier nur kriegerische Roheit sehen wollen. Das

Ganze ist uns zum Vorbild geschrieben, sagt das Neue Testament. Und hier soll uns gesagt werden: Es gibt Christen, die angefangen haben, mit der Welt Frieden zu schließen. Der Herr sorgt dafür, dass sie Streiter des Herrn und in Kämpfe verwickelt werden, in denen es keinen Frieden geben darf.

9. Ein Feuer wird angezündet

Richter 14,20-15,8: Aber Simsons Weib ward einem seiner Gesellen gegeben, der ihm zugehörte. Es begab sich aber nach etlichen Tagen, um die Weizenernte, dass Simson sein Weib besuchte mit einem Ziegenböcklein. Und als er gedachte: Ich will zu meinem Weibe gehen in die Kammer, wollte ihn ihr Vater nicht hinein lassen und sprach: Ich meinte, du wärest ihr gram geworden, und habe sie deinem Freunde gegeben. Sie hat aber eine jüngere Schwester, die ist schöner denn sie; die lass dein sein für diese. Da sprach Simson zu ihnen: Ich habe einmal eine gerechte Sache wider die Philister; ich will euch Schaden tun. Und Simson ging hin und fing dreihundert Füchse und nahm Brände und kehrte je einen Schwanz zum andern und tat einen Brand je zwischen zwei Schwänze und zündete die Brände an mit Feuer und ließ sie unter das Korn der Philister und zündete also an die Garben samt dem stehenden Korn und Weinberge und Ölbäume. »Da sprachen die Philister: Wer hat das getan? Da sagte man: Simson, der Eidam des Thimniters; darum dass er ihm sein Weib genommen und seinem Freunde gegeben hat. Da zogen die Philister hinauf und verbrannten sie samt ihrem Vater mit Feuer. Simson aber sprach zu ihnen: Wenn ihr solches tut, so will ich mich an euch rächen und danach aufhören, – und schlug sie hart, an Schultern und an Lenden. Und zog hinab und wohnte in der Steinkluft zu Etam.

Ist das nicht fürchterlich?

Man kann die Geschichte mit den Augen des Archäologen ansehen. Dann wird man mancherlei Interessantes entdecken. Man kann sie auch mit den Augen der Vernunft ansehen. Dann wird man sich mit Abscheu abwenden. Man kann sie mit den Augen des Tierschutzvereins ansehen. Dann wird man empört sein. Gerade bei der Simson-Geschichte werden wir immer wieder hinweisen müssen auf Stellen wie 2.Tim. 3,16:

> »Alle Schrift, von Gott eingegeben, ist nütze zur Lehre, zur Strafe, zur Besserung, zur Züchtigung in der Gerechtigkeit.«

Versuchen wir also, die Geschichte mit geistlich erleuchteten Augen zu lesen.

Simson

Was ist in der Geschichte entscheidend? Dies, dass ein einzelner Mann es wagt, aufzustehen im Volke Gottes. Dass ein einzelner Mann es wagt, den Kampf gegen die Philister aufzunehmen, die Gottes Volk ausrotten wollen. So stand der Mose auf, als Gottes Volk in Ägypten entmutigt war. So standen Luther und Calvin auf in einer Zeit, da die Kirche mächtig und doch am Sterben war. So standen die Väter der Erweckung auf, als im 19. Jahrhundert die Kirche dem Geist der »Aufklärung« verfallen war. Gott schafft das Neue nicht durch Massen, sondern durch einzelne Menschen, die es wagen, in der Kraft des Heiligen Geistes den Kampf zu beginnen.

Es ist im Text offenbar, dass Simson auch durch Gewissensnöte ging. *»Nun habe ich einmal eine gerechte Sache wider die Philister«*, sagt er. Man spürt diesen Worten an, wie die Frage ihn bewegt: »Handle ich recht?« Sicher ist sein Tun durchsetzt mit fleischlichem Eifer. Aber es sollten nicht die Menschen über ihn richten, die für die Sache des Herrn noch nie gestritten und die den Kampf gegen ihr eigenes Fleisch und Blut noch nicht aufgenommen haben.

Simson hat keine Waffen gegen seine Feinde. Füchse mit Feuerbränden – ach du liebe Zeit, das sind ja wirklich unzureichende Waffen gegen die Philister mit ihren Kriegswagen! Das ist immer die Lage der Jesusleute, dass sie mit Waffen kämpfen, die in den Augen der Vernunft unzureichend sind. Paulus schreibt den Korinthern (1.Kor. 2,1):

> »Ich kam nicht mit hohen Worten oder hoher Weisheit, euch zu verkündigen die göttliche Predigt.«

Simson hat nichts als das Feuer. Die Gemeinde des Herrn hat zu allen Zeiten nichts anderes gehabt als das Feuer des Heiligen Geistes, das ihr mit Gottes Wort geschenkt wird. Mit solch unzureichender Waffe sind die Reformatoren aufgetreten gegen eine ganze Welt.

Die Philister

Wirklich – hier sind die Philister ein Bild der Welt ohne Gott. Wie wenig ernst wird hier die Ehe genommen, wenn Simsons Schwiegervater lächelnd erklärt: »*Ich habe deine Frau deinem Freunde gegeben. Sie hat aber eine jüngere Schwester, die ist schöner denn sie. Die lass dein sein für diese.*« Sind wir nicht heute wieder auf dem besten Wege, die Ehe so niedrig einzuschätzen? Und welch eine Verachtung der Frau verbirgt sich hinter diesen Worten!

Ja, so ist die Welt, wie die Philister hier gezeigt werden. In Richter 14,15 drohten sie: »Wir werden dich und deines Vaters Haus mit Feuer verbrennen.« Wie ist die Welt voll mit Drohung und Gewalttat! Und es bleibt ja nicht bei den Drohungen. Als die Philister durch die Angelegenheit in Schwierigkeiten kamen, *»verbrannten sie Simsons Frau mitsamt ihrem Vater mit Feuer«*.

So wird uns hier die Welt gezeigt: ungeordnete Sexualität und Gewalttat.

Jesus

Wir wiesen darauf hin, dass Simson ein »Heiland«, ein Erretter genannt wird. Damit ist er abgestempelt als Abschattung des Herrn Jesus. Feuer schickt Simson ins Philisterland. Und Jesus sagt Lukas 12,49:

»Ich bin gekommen, dass ich ein Feuer anzünde auf Erden.«

Und nun soll noch auf etwas hingewiesen werden, was vielleicht aus diesem Text herausgelesen werden kann. Simson schickte die Füch-

se »*je zwei und zwei*«, damit sie das Feuer verbreiteten. Und darüber kamen sie selber um. So hat Jesus Seine Jünger ausgesandt, »je zwei und zwei«, damit sie das Feuer Gottes in die Welt trügen. Und dabei sollten sie sich selbst nicht schonen. Von allen Aposteln ist nur Johannes nicht den Märtyrertod gestorben. Und von ihm hören wir, dass er auf die Insel Patmos verbannt war (Offenbarung 1,9).
Der mittelalterliche Meistersinger Hans Sachs (1494 bis 1576) hat ein Drama gedichtet über Simson. Darin heißt es im Epilog:

»Sein Jünger schickt, die Füchs bedeuten,
All böse Frucht gar auszureuten.«

Hier wird sehr deutlich, wie man damals die Simsongeschichte verstand als einen Hinweis auf Jesus. Wir haben keinen Grund, sie nicht mehr so zu verstehen.

10. Simson in Fesseln

Richter 15,8b-13: Und Simson zog hinab und wohnte in der Steinkluft zu Etam. Da zogen die Philister hinauf und lagerten sich in Juda und ließen sich nieder zu Lehi. Aber die von Juda sprachen: Warum seid ihr wider uns heraufgezogen?

Sie antworteten: Wir sind heraufgekommen, Simson zu binden, dass wir ihm tun, was er uns getan. Da zogen dreitausend Mann von Juda hinab in die Steinkluft zu Etam und sprachen zu Simson: Weißt du nicht, dass die Philister über uns herrschen? Warum hast du denn das an uns getan? Er sprach zu ihnen: Wie sie mir getan haben, so habe ich ihnen wieder getan. Sie sprachen zu ihm: Wir sind herabgekommen, dich zu binden und in der Philister Hunde zu geben. Simson sprach zu ihnen: So schwört mir, dass ihr mir kein Leid tun wollt. Sie antworteten ihm: Wir wollen dir kein Leid tun, sondern wollen dich nur binden und in ihre Hände geben und wollen dich nicht töten. Und sie banden ihn mit zwei neuen Stricken und führten ihn herauf vom Fels.

Der enttäuschte Streiter

Der Herr hat den Simson erweckt, damit das Volk Gottes aus der Knechtschaft der Philister befreit würde. Simson war aufgestanden als ein einzelner. Sicher lebte in ihm die starke Hoffnung, nun würde das Volk Gottes sich auch erheben und die fremden Bande abwerfen. Aber nichts dergleichen war geschehen. Simson war allein geblieben. Es ging ihm wie dem Elia am Horeb (1.Kön. 19,4). Oder wie dem Mose (4.Mose 11,14f). Ja, Jesus selber blieb so allein, als im Garten Gethsemane alle Jünger Ihn verließen und flohen.

Da zieht sich Simson in die Steinkluft von Etam zurück. Doch auch hier gibt es keine Ruhe für ihn. Er erlebte die entsetzliche Enttäuschung, dass Israel, das Volk Gottes selber, gegen ihn aufsteht. Das hat immer wieder zum Schwersten gehört für manchen Streiter des Herrn, dass die ihn im Stich ließen und gegen ihn aufstanden, die sich um ihn hätten scharen sollen. Als der Kirchenkampf während der Hitlerzeit tobte, hat mancher einsame Bekenntnismann dies erlebt.

Eine Christenheit, die ihre Ruhe will

Dreitausend Mann aus Juda ziehen in die Steinkluft zu Etam. Mit Vorwürfen fallen sie über Simson her: »*Weißt du nicht, dass die Philister über uns herrschen? Warum hast du uns denn das getan?*« Deutlicher können diese Leute aus Gottes Volk es gar nicht sagen, dass sie sich mit der Herrschaft der Philister abgefunden haben. Wie ist das schrecklich, wenn Christen sich damit abgefunden haben, dass die Welt in die Kirche hineinregiert, dass der Geist der Welt in der Christenheit den Geist Gottes verdrängt! Diese Leute haben Frieden gemacht mit dem Heidentum. Vielleicht sagen sie: ›Ich kann ja für mich heimlich immer noch an den lebendigen Gott glauben.‹ Aber es dringt davon nichts mehr nach außen. Diese dreitausend Mann haben es aufgegeben, »Licht der Welt« zu sein. Man muss sich sehr ernst fragen, ob das alles nicht auf die Kirche und die Christenheit von heute passt.

Diese Situation lähmt den Simson so sehr, dass er sich willenlos binden lässt. Wie müde muss der Mann geworden sein, dass er auf solch ein höhnisches Versprechen hin sich die Fesseln anlegen lässt: »*Wir wollen dich nicht töten. Wir wollen dich nur in der Philister Hände geben.*«

Wie bei Jesus!

Wieder sehen wir die Züge Jesu. Auch bei Jesus war es so, dass das Volk Gottes gegen den aufstand, den Gott gesandt hatte. Wie bei Simson wollten sie nicht selber Ihn töten. Sie gaben Ihn in der Heiden Hände. Und wie Simson sich binden ließ, so ließ unser Heiland sich binden, als Er ins Leiden ging.

Der Gebundene – wir?

Es ist ein erschütterndes Bild: der gebundene Held Gottes. Vielleicht erkennen wir selbst uns in ihm wieder? Eigentlich sollte dieser Mann in der Kraft des Herrn einhergehen. Nun lässt er sich treiben von denen, die gegen Gott stehen. O dies »Eigentlich«!

Der verlorene Sohn wusste: Eigentlich sollte ich in meines Vaters Hause geehrt und glücklich sein. Nun sitze ich bei den Schweinen. Wie manch einer muss das von sich sagen: Eigentlich sollte ich die Stricke Satans zerreißen und ein geisterfülltes Leben führen; aber ... Eigentlich sollte ich mein ganzes Herz und Leben dem geben, der am Kreuze mich erkauft hat; aber ... Armer Simson!

11. Kräftig geworden aus der Schwachheit

(Hebr. 11,34)

Richter 15,14: Und da er kam bis gen Lehi, jauchzten die Philister ihm entgegen. Aber der Geist des Herrn geriet über ihn, und die Stricke an seinen Armen wurden wie Fäden, die das Feuer versengt hat, dass die Bande an seinen Händen zerschmolzen.

Simson

Mitten im Gewühl der dreitausend, die ihren Gott verleugnen, wird Simson ins Lager der Philister geschleppt. Die Elenden hoffen: ›Wir werden das Wohlgefallen der Philister erwerben, wenn wir Simson ausliefern.‹ Ich sehe im Geist dieses Bild, wie sie über einen Felsensteg herabsteigen. Da werden sie im Lager der Philister gesichtet. Ungeheurer Jubel bricht bei den Philistern aus, als sie den gefesselten Simson sehen. Dieses Freudengeschrei aber bringt den Simson zu sich.

In der Geschichte vom verlorenen Sohn heißt es: »Da kam er zu sich.« (Luther hat es übersetzt: »Da schlug er in sich.«) Aus aller Müdigkeit und Resignation, aus Unglauben und Verzweiflung kam Simson zu sich. Solch ein geistliches Zu-sich-Kommen geschieht nicht ohne den Heiligen Geist »*Aber der Geist des Herrn geriet über ihn ...*« Simson sieht seine falsche Situation. Er rafft sich auf und zerreißt in der Kraft des Herrn seine Fesseln. Welches Entsetzen ergreift die Philister!

Genauso ging es den dreitausend Menschen, die am ersten Pfingsttag zur Gemeinde hinzugetan wurden (Apostelgeschichte 2). Unter der Einwirkung des Geistes Gottes sahen sie ihren verlorenen Zustand und kehrten sich zu dem gekreuzigten und auferstandenen Herrn Jesus, der gesagt hat (Joh. 8,36):

> »So euch nun der Sohn frei macht, so seid ihr recht frei.«

Jesus

Die Philister brüllten vor Freude, weil sie dachten, mit Simson sei es nun zu Ende. Diese Freude herrschte gewiss auch am Karfreitagabend, als Jesus am Kreuz gestorben war. Da freuten sich Seine Feinde: ›Nun ist es mit ihm zu Ende. Nun ist seine Ohnmacht erwiesen. Nun wird kein Mensch mehr glauben, dass er der Sohn Gottes sei.‹ Aber wie groß war ihr Entsetzen, als die Kriegsknechte bestürzt gerannt kamen und mitteilten: ›Er ist aus den Fesseln des Todes erstanden!‹

Wundervoll hat Paul Gerhardt das beschrieben in seinem Osterlied:

> *»Er war ins Grab gesenket,*
> *Der Feind trieb groß Geschrei;*
> *Eh ers vermeint und denket,*
> *Ist Christus wieder frei*
> *Und ruft Viktoria,*
> *Schwingt fröhlich hier und da*
> *Sein Fähnlein als ein Held,*
> *Der Feld und Mut behält.«*

Wir

Es gibt so viel gebundene Kinder Gottes. Wir reden von Menschen, die vom Herrn erwählt

und berufen sind und die geglaubt haben, dass
Jesus der Sohn Gottes ist. Aber dann hat es der
Teufel doch fertig gebracht, sie neu in Fesseln
zu legen. Er hat mancherlei Bande:
Sorgengeist, irdischer Sinn, Streit, Menschenfurcht, sexuelle Bindungen. Da gibt's dann in
der Hölle auch ein Geschrei wie bei den Philistern. Die Hölle freut sich über ein gebundenes
Kind Gottes mehr als über tausend Sünder in
der Welt.

Wie wichtig ist für uns diese Simson-Geschichte! Wir dürfen wissen, dass der Herr Jesus uns
erkauft hat. Und wir dürfen glauben, dass der
Heilige Geist das Unmögliche möglich macht.
In einem Lied heißt es:

> *»Fühlst du dich noch gebunden,*
> *Entreiß dich nur beherzt.*
> *Das Lamm hat überwunden,*
> *Was deine Seele schmerzt.«*

12. Simsons Sieg

Richter 15,15-17: Und er fand einen frischen Eselskinnbacken; da reckte er seine Hand aus und nahm ihn und schlug damit tausend Mann. Und Simson sprach: Da liegen sie bei Haufen; durch eines Esels Kinnbacken habe ich tausend Mann geschlagen. Und da er das ausgeredet hatte, warf er den Kinnbacken aus seiner Hand und hieß die Stätte Ramath-Lehi (das ist Kinnbackenhöhe).

Jesus

Irgendwo las ich einmal den schönen Satz: »Ein Mann mit Gott ist immer in der Majorität.« Das wird an Simson deutlich. Er schlägt ein ganzes Heer. Wie ist Simson hier ein Bild unsres Herrn und Heilandes, als Er in die Todesnacht am Kreuz hineinrief: »Es ist vollbracht!« Ganz allein hat Er die Hölle und die Welt überwunden. Jesaja 63,5 sagt der Herr:

> »Ich sah mich um, und da war kein Helfer; und ich verwunderte mich, und niemand stand mir bei; sondern mein Arm musste mir helfen, und mein Zorn stand mir bei.«

Wir

Wir wollen darauf achten, welch verächtliche Waffe der Simson schwang. Irgendwann einmal war eine Karawane durch die Steppe gezogen. Da war ein armer Esel zusammengebrochen. Längst hatten die Geier das Aas verzehrt. Der Sand hatte seine Knochen zugeschüttet. Nur ein Kinnbacken lag noch da. Das ist nun wirklich keine großartige Waffe. Jeder

erfahrene Soldat wird darüber lachen. Doch mit dieser Waffe gewann Simson den Sieg.
So wird es immer im Volk Gottes sein. Wir haben keine andere Waffe als das Wort Gottes, mit dem der Herr Jesus schon dem Teufel auf dem Berg der Versuchung entgegentrat: »Es steht geschrieben ...« In den Augen der Welt ist dieses Wort Gottes eine verächtliche Sache. Jeder kann darüber spotten und es kritisieren. Aber in der Hand des Glaubens wird dies Wort eine Waffe, mit der man siegt.
Jauchzend steht Simson auf der Walstatt: »*Durch eines Esels Kinnbacken habe ich tausend Mann geschlagen.*« Mit diesem Schrei aber betrat er einen Weg, der Gott nicht gefiel. Aus der Geschichte wird ja deutlich, dass der Herr den Streit geführt hatte, dass der Geist Gottes gesiegt hatte. Unbekümmert um diese Tatsache schreibt der Simson nun den Sieg sich selber zu: »Ich habe sie geschlagen.« Und sofort muss der Herr Seinen Knecht wieder in die Schule nehmen.

13. Gottes Schule

Richter 15,18-20: Da ihn aber sehr dürstete, rief er den Herrn an und sprach: Du hast solch großes Heil gegeben durch die Hand deines Knechtes; nun aber muss ich Durstes sterben und in der Unbeschnittenen Hände fallen. Da spaltete Gott die Höhlung in Lehi, dass Wasser herausging; und als er trank, kam sein Geist wieder, und er ward erquickt. Darum heißt er noch heutigestags »des Anrufers Brunnen«, der in Lehi ist. Und er richtete Israel zu der Philister Zeit zwanzig Jahre.

Simsons Not

»*Nun aber muss ich Durstes sterben.*« Hat Gott die Hand von Simson abgezogen? Schlimmer! Sie widersteht ihm. Es ist noch gar nicht lange her, da hat Simson sich groß gerühmt, welch herrlichen Sieg er erfochten habe. Nun wandert der einsame Mann durch die Wüste, wo ihn der Durst überfällt. Wie gehen ihm hier die Augen auf dafür, dass es mit seiner eigenen Herrlichkeit nicht sehr weit her ist! Diese Umkehr in seinem Herzen wird in unserem Abschnitt deutlich. Nun betet er: »*Du, Herr, hast solch großes Heil gegeben durch die Hand deines Knechtes.*« Hier tut ein Mann Buße über seinen Hochmut und kehrt um zu der wahren Erkenntnis eines rechten Christen: Ohne Ihn können wir nichts tun.

Das Neue Testament sagt (1.Petr. 5,5):

»Gott widersteht den Hoffärtigen.«

Widersteht!! Das hat seit Simsons Zeiten mancher erfahren müssen. Und vielleicht prüfen wir einmal, wie sehr unser Hochmut den Segen Gottes in unserm Leben hindert.

Des Anrufers Brunnen

Ringsumher ist einsame Wüste. Aber Simson ist nicht allein. Der Herr ist da, der ihn hört. Wohl dem, der um die Gegenwart des Herrn weiß und beten kann!
Der Herr gibt Wasser. In diesem Sätzlein ist das ganze Evangelium enthalten. Jesus sagt (Joh. 7,37):

»Wen da dürstet, der komme zu mir und trinke.«

Und Offenbarung 21,6 heißt es:

»Ich will dem Durstigen geben von dem Brunnen des lebendigen Wassers umsonst.«

Am Brunnen in Samaria sagte der Herr Jesus zu einer Frau (Joh. 4,13 f), indem Er auf den Brunnen deutete:

»Wer von diesem Wasser trinkt, den wird wieder dürsten; wer aber von dem Wasser trinken wird, das ich ihm gebe, den wird ewiglich nicht dürsten.«

Alfred Christlieb (gest. 1934) sagte zu unserm Text:

»Der schönste Brunnen des Anrufers ist der, den Jesus geöffnet in Gethsemane und auf Golgatha. Da war Seine Seele betrübt bis in den Tod. Da hat Er Gebet und Tränen mit Geschrei geopfert. Da ist ein Brunnen des Anrufers entstanden, der die Not vieler Tausender von verschmachtenden Menschen gestillt hat bis auf den heutigen Tag. Da ist der rechte Brunnen des Anrufers. Wer da erquickt und gelabt ist, kann selber durchs Jammertal gehen und graben daselbst Brunnen. Gott schenke uns dies!«

Zurück in den Kampf

»Er richtete Israel zu der Philister Zeit zwanzig Jahre.« Darin ist gesagt, dass Simson zurück muss in den Kampf. Gott erlaubt ihm noch nicht die Ruhe in der Steinkluft zu Etam. Kampf wird sein weiteres Leben sein; denn hier steht vielsagend »zu der Philister Zeit«.

14. Ein dunkler Weg

Richter 16,1-3: Simson ging hin gen Gaza und sah daselbst eine Hure und kam zu ihr. Da ward den Gazitern gesagt: Simson ist hereingekommen. Und sie umgaben ihn und ließen auf ihn lauern die ganze Nacht in der Stadt Tor und waren die ganze Nacht still und sprachen: Harre; morgen, wenn's licht wird, wollen wir ihn erwürgen. Simson aber lag bis zu Mitternacht. Da stand er auf zu Mitternacht und ergriff beide Türen an der Stadt Tor samt den beiden Pfosten und hob sie aus mit den Riegeln und legte sie auf seine Schultern und trug sie hinauf auf die Höhe des Berges vor Hebron.

O Simson!

Bei dieser Geschichte steht nicht, dass der Geist Gottes den Simson ins Philisterland nach Gaza getrieben hätte. Hier wird die Schwäche des Simson offenbar. Aber die Bibel macht kein Hehl daraus, dass die Geschlechtlichkeit gerade für starke Menschen eine große Gefahr sein kann. Der größte Fall in dem Leben des König David geschah auf diesem Gebiet. Und der gesegnete König Salomo wurde am Ende seines Lebens durch Frauen verführt, dem Götzendienst gegenüber die Augen zu verschließen (1.Kön. 11). Als einmal eine Volksmenge in Israel vom Herrn Jesus verlangte, Er solle Seine Zustimmung zur Steinigung einer Ehebrecherin geben, antwortete Er: »Wer ohne Sünde ist, der werfe den ersten Stein auf sie.« Und daraufhin wagte niemand, einen Stein zu werfen. Der schwäbische Ausleger Friedrich Mayer schreibt zu dieser Stelle sehr richtig: »*Er war bis Mitternacht bei der Hure; alsdann stand er auf, um, vielleicht im Gefühl der Scham, bei Nacht davonzugehen. Doch sei hier angemerkt, dass dies ein vereinzelter Fall Simsons war, und jene Lüstlinge ihn vergeblich als ihresgleichen beanspruchen, die Zeit ihres Lebens in Unzucht leben.*«

Dass diese Geschichte den Feinden des Volkes Gottes eine riesige Freude machte, können wir uns gut denken. Hier entsteht die Frage, ob Simson mit dieser trüben Geschichte aus der Gnade Gottes herausfiel. Wer das annimmt, baut seinen Gnadenstand noch auf Werke und nicht auf die Gnade. Friedrich Mayer sagt: »*Denn wenn Knechte Gottes auch fallen, so erheben sie sich wieder und gehen mit neuem Gehorsam in den Kampf. Ihr Kriegsherr macht der Welt und dem höllischen Heer nicht die Freude, sie um ihrer Schwachheit willen zu verstoßen.*«

Simson blieb ein Kind Gottes. Doch damit wollen wir die schmutzige Sache nicht beschönigen. Simson betrat hier einen Weg, der zu seinem jämmerlichen Ende führte.

Die Philister hofften, bei dieser Gelegenheit den Simson zu fangen. Aber nun wurde deutlich, dass der Herr ihn noch nicht verstoßen hatte. Das ist ein unerhörtes Bild, wie Simson die Stadttore herausreißt und verschleppt. Die Geschichte hat Luther so gut gefallen, dass er seinen Kampfgefährten zurief: so müsse man den Kampf um die Wahrheit des Evangeliums führen. »Die Sache will nicht gemäßigt, sondern unter dem Antrieb des Geistes geführt werden, wie Simson die Tore davonführte.«

Es ist außerordentlich beunruhigend, dass wir nichts hören von einer gründlichen Buße des Simson. Und der nächste Abschnitt zeigt, welche Folgen das hatte. So kommt es, dass das 16. Kapitel, das mit dieser Geschichte beginnt, uns auch das Ende Simsons berichtet.

Was Hosea sagt

Wer in den Geist der Bibel eintaucht, wird sich mit der bisherigen Erklärung dieser Geschichte nicht zufriedengeben. Sie führt uns hinüber zu dem Propheten Hosea. Auf den Befehl Gottes heiratete Hosea eine Hure. Hosea gibt auch eine Erklärung für diesen Befehl Gottes: Er soll ein Zeichen sein dafür, wie der Herr sich mit dem ungetreuen Israel verbindet, ihm immer wieder seine Untreue vergibt und es nicht loslässt.

Es ist, als wenn von dieser Geschichte des Simson eine Linie hinüberführte zu Hosea und von da zu Jesus.

Jesus

Es möge niemand erschrecken, dass wir sogar in dieser Geschichte den Simson sehen als ein Vorbild des Herrn Jesus. Da liegt Simson in Gaza, ganz bedeckt mit Schmutz und Sünde. Aber dann bricht er siegreich hervor. Sein Anblick lähmt die Waffen seiner Feinde. Und er reißt sich den Durchgang durch die Mauern und Tore zum Schrecken seiner Feinde.

Hier ist Simson ein Bild Jesu. Als Jesus im Grabe lag, nahm Er mit sich die ganze Schuld der Welt. Er war gleichsam als das Lamm Gottes bedeckt, erdrückt, getötet von der Schuld der Welt. Aber gerade als die Feinde meinten, nun sei Er erledigt, da brach Er aus dem Grab hervor als der herrliche Sieger. Niemand und nichts konnte Seinen Siegesweg aufhalten. Die erschrockenen Kriegsknechte wurden ohnmächtig. Jesus aber ging aus ihren Händen davon.

15. Der Besiegte

Richter 16,4-21: Danach gewann er ein Weib lieb am Bach Sorek, die hieß Delila. Zu der kamen der Philister Fürsten hinauf und sprachen zu ihr: Überrede ihn und siehe, worin er solche große Kraft hat und womit wir ihn übermögen, dass wir ihn binden und zwingen, so wollen wir dir geben ein jeglicher 1100 Silberlinge. Und Delila sprach zu Simson: Sage mir doch, worin deine große Kraft sei und womit man dich binden möge, dass man dich zwinge? Simson sprach zu ihr: Wenn man mich bände mit sieben Seilen von frischem Bast, die noch nicht verdorrt sind, so würde ich schwach und wäre wie ein anderer Mensch. Da brachten der Philister Fürsten zu ihr hinauf sieben Seile von frischem Bast, die noch nicht verdorrt waren; und sie band ihn damit. (Man lauerte ihm aber auf bei ihr in der Kammer.) Und sie sprach zu ihm: Die Philister über dir, Simson! Er aber zerriss die Seile, wie eine flächsene Schnur zerreißt, wenn sie ans Feuer riecht; und es ward nicht kund, wo seine Kraft wäre. (In den Versen 10 bis 14 wiederholt sich diese Geschichte noch zweimal.) Da sprach sie zu ihm: Wie kannst du sagen, du habest mich lieb, so dein Herz doch nicht mit mir ist? Dreimal hast du mich getäuscht und mir nicht gesagt, worin deine große Kraft sei. Da sie ihn aber drängte mit ihren Worten alle Tage und ihn zerplagte, ward seine Seele matt bis an den Tod, und er sagte ihr sein ganzes Herz und sprach zu ihr: Es ist nie ein Schermesser auf mein Haupt gekommen; denn ich bin ein Geweihter Gottes von Mutterleibe an. Wenn man mich schöre, so wiche meine Kraft von mir, dass ich schwach würde und wie alle anderen Menschen. Da nun Delila sah, dass er ihr all sein Herz offenbart hatte, sandte sie hin und ließ der Philister Fürsten rufen und sagen: Kommt noch einmal herauf; denn er hat mir all sein Herz offenbart. Da kamen der Philister Fürsten zu ihr herauf und brachten das Geld mit sich in ihrer Hand. Und sie ließ ihn entschlafen auf ihrem Schoss und rief einem, der ihm die sieben Locken seines Hauptes abschöre. Und sie fing an, ihn zu zwingen; da war seine Kraft von ihm gewichen. Und sie sprach zu ihm: Philister über dir, Simson! Da er nun von seinem Schlaf erwachte, gedachte er: Ich will ausgehen, wie ich mehrmals getan habe, ich will mich losreißen; und wusste nicht, dass der Herr von ihm gewichen war. Aber die Philister griffen ihn und stachen ihm die Augen aus und führten ihn hinab gen Gaza und banden ihn mit zwei ehernen Ketten, und er musste mahlen im Gefängnis.

Der schwach gewordene Simson

Beinahe wäre Simson in Gaza in die Hände

der Philister gefallen. Das war wie eine Warnung für ihn. Aber er ist sicher und übermütig geworden; er lässt sich nicht warnen. So gerät er in eine fürchterliche Hörigkeit und Abhängigkeit von einer Frau namens Delila. Ein Gelehrter hat festgestellt, dass es 28 Dichtungen über die Simsongeschichte gibt: Dramen von Milton und Voltaire, das Spiel von Hans Sachs und das Oratorium von Händel ... In einigen dieser Dichtungen wird Delila als eine besonders edle Frau gezeigt. Das ist sicher eine Verkennung der Bibel. Goethe hat Recht, wenn er sagt: »Eine ganz bestialische Leidenschaft eines gottbegabten Helden zu dem verwerflichsten Luder, das die Erde trägt.« Es ist unheimlich, wie Simson seinen Verstand verliert dieser Frau gegenüber. Sie zeigt ihm deutlich, dass sie ihn an die Philister verraten will. Und dabei wagt sie zu sagen: »*Wie kannst du sagen, du habest mich lieb?*« Wo es doch am Tage ist, dass sie als Liebesbeweis geradezu die Selbstaufgabe des Simson fordert. Jesus sagt:

»Wer Sünde tut, der ist der Sünde Knecht« (Joh. 8,34).

Hier sehen wir diese grauenvolle Knechtschaft.

Viele Menschen nehmen Anstoß daran, dass eine solche Geschichte in der Bibel steht. Nun, wir sollten wissen, dass die Bibel uns nicht retuschierte oder gemalte Helden vor die Augen stellen will, sondern Menschen von Fleisch und Blut. Es gehört zur Wahrhaftigkeit der Bibel, dass sie die Sünden ihrer Helden nicht verschweigt. Wie oft geschieht es heute, dass wertvolle Menschen in eine sexuelle Hörigkeit geraten, über die sich ihre Umgebung nur entsetzen kann!

Das Gericht Gottes

Simson wird von Gott dahingegeben – nicht um der abgeschnittenen Haare willen, sondern um seiner Sünde willen. Seine langen Haare waren das Zeichen dafür, dass Gott mit ihm einen besonderen Bund gemacht hatte und dass er zu Besonderem auserwählt war. Er glich jetzt dem Esau, der seine Erstgeburt für nichts achtete.

Dies ist die größte und schwerste Sünde auch heute, dass wir Gottes Liebe zu uns, das Opfer, das Er durch Jesus für uns gebracht hat, Sein Erwählen und Sein Rufen, Sein Erkaufen und Sein Führen für nichts achten.

Simson hatte so lange mit der Sünde spielen können, ohne dass etwas geschehen war. Nun steht hier: »*Er gedachte: Ich will ausgehen, wie ich mehrmals getan habe.*« Da konnte er es nicht mehr. Ohne es zu merken, hatte er eine Grenze überschritten, die Gott gezogen hatte. Nun begann Gottes Gericht.

Es ist ganz deutlich die Hand Gottes im Gericht über Simson zu sehen: Der Herr hatte ihm den Auftrag gegeben, Israel von den Philistern zu befreien. Nun war der Auftrag weggenommen. Der Engel hatte zu Simsons Mutter gesagt: »Er wird anfangen, Israel zu erlösen aus der Philister Hand.« Nun war er selbst ein Erlösungsbedürftiger geworden.

Mit seinen Augen hatte er gesündigt. Richter 14,3 sagte er zu seinen Eltern: »Sie gefällt meinen Augen.« Immer mehr hatten diese Augen sein Leben bestimmt. Nun wurden sie ihm ausgestochen. Vor mir liegt ein alter Band aus dem Jahr 1745 »Die Bücher des alten Testaments mit Erklärungen, das innere Leben betreffend« von Madame Jeane Bouviere de la Mothe Guyon. Darin heißt es:

> »Dieses ist eine sehr eigentliche Beschreibung des Stands, in welchen wir durch die Sünde sind versetzet worden. Aus Überwindern werden wir Gefangene. Samson, der über die Philister herrschete, wird

zu ihrem Sclaven gemacht, und zwar zu einem an Ketten geschlossenen Sclaven. O Samson, wo ist nun deine Krafft und deine Hertzhafftigkeit? Du, o Samson, der du tausend Philister mit einem Esels-Kinnbacken erschlugest, du wirst nun gezwungen, wie ein Esel, eine Mühle umzudrehen! Du, der du alle Menschen dir unterwarffest, bist nun an Ketten angeschlossen! Derjenige, welcher Israel richtete, und von GOTT auserkohren war, Israel von seinen Feinden zu erlösen, ist nun selbsten eben diesen Feinden unterworffen.

Erstlich stechen sie ihm die Augen aus: Dieses ist die erste Würkung der Sünde, nämlich die Augen unserer Vernunfft zu verdunckeln: hernach fesselt uns die Sünde mit schweren Ketten, indeme solche uns täglich mit einem schwererem Joch beladet; und an statt daß man täglich freyer wird, wann man dem Herrn dienet, so geräth man im Gegentheil alle Tage in tieffere Gefangenschafft, wann man zu einem Sclaven der Sünde ist gemacht worden: In GOTT findet man unendlich große Räumlichkeiten und Weite, und hingegen in der Sünde eine Gefangenschafft, die täglich stärcker und schwerer wird: Kurtz, (Matth.11,31) das Joch des Herrn ist sanfft, und seine Last ist leicht, das Joch der Sünde aber ist äußerst beschwerlich und unerträglich.«

Simson verrät das Geheimnis seiner göttlichen Erwählung. Und die Frau, die er liebt, verrät ihn. Fragen wir uns, ob das nicht unsere Geschichte ist: Jesus hat sich uns offenbart als der Sohn des lebendigen Gottes. Und wie oft haben wir Ihn preisgegeben und verraten!

Endgültig verworfen?

Die Frage drängt sich jetzt auf: Ist Simson endgültig verworfen? Wir antworten: Nein! Das Gericht über Simson ist nicht Verwerfung, sondern Züchtigung. Der Apostel Paulus sagt 1.Kor. 5,5 über einen Sünder in der Gemeinde:

»Ich habe beschlossen mit der Kraft unsres Herrn Jesus Christus, ihn zu übergeben dem Satan zum Verderben des Fleisches, auf dass der Geist selig werde am Tage des Herrn Jesus.«

Weiter müssen wir Hebräer 12 hier erwähnen (6ff):

»Welchen der Herr liebhat, den züchtigt er; alle Züchtigung aber, wenn sie da ist, dünkt uns nicht Freude, sondern Traurigkeit zu sein; aber danach wird sie geben eine friedsame Frucht der Gerechtigkeit.«

Der Weg der Buße steht dem Simson offen. Immer noch steht über ihm:

»Ich habe dich bei deinem Namen gerufen. Du bist mein.«

Vorbild Christi?

Wir haben gehört, dass Simson den Titel »Retter« und »Heiland« bekommt und dass er damit eine Abschattung Jesu Christi ist. Es ist allerdings ein kühnes Unterfangen, wenn man in dieser Geschichte noch die Spuren Jesu finden will. Wir wollen es versuchen.
Hans Sachs jedenfalls sah auch hier noch die Spuren des Heilandes. Er sagt:

»Dann ihn die göttlich brünstig Lieb / zu Delila, der Frauen trieb / Welliches war das Judenthumb / Untreu, arglistig und unfrumb / Welche ihm auch abschur sein Haar / Verleugnet seiner Gottheit gar / Versucht ihn durch viel List und Ränk / Gab

> ihn endlich auf die Fleischbänk / Der Heiden, die ihm ohne Laugen / Ausstachen seines Lebens Augen / Am Kreuz seins Lebens ward gepfend / gar hart geschmähet und geschänd.«

Es spricht eine ziemliche Selbstgerechtigkeit aus diesen Worten, wenn Hans Sachs nur das Judentum zur Zeit Jesu dargestellt sehen will. Aber er weist uns einen Weg, die Spuren Jesu hier zu entdecken. Simson läuft ins Verderben, weil die Liebe zu einer bösen Frau ihn treibt. Wer den Propheten Hosea gelesen hat, der weiß, dass die Bibel das Evangelium so darstellt: Die Liebe treibt Jesus zu den Verlorenen. Gewiss ist es gewagt, die fleischliche Liebe des Simson zu vergleichen mit der göttlichen Liebe Jesu. Aber wir gehen hier auf den Spuren des Hosea, also der Heiligen Schrift.

Darin jedenfalls gleicht Simson dem Herrn Jesus, dass der Starke, Herrliche, Gewaltige ganz und gar hilflos in der Menschen Hände gegeben ist.

16. Die Umkehr

Richter 16,22: Aber das Haar seines Hauptes fing an, wieder zu wachsen, wo es geschoren war.

»*Das Haar seines Hauptes fing an, wieder zu wachsen.*« Die Bibel erzählt sehr knapp. Hinter diesem Sätzlein steht viel. Dahinter steht der Bericht darüber, wie der gefallene Simson zurückkehrt in das Gottesverlöbnis. Seine äußeren Augen sind jetzt blind. Aber nun werden ihm die inneren Augen aufgetan. Nun sieht er seinen falschen Weg. Nun sieht er die ungeheure Last seiner Schuld. Aber – dass wir es neutestamentlich sagen – nun wird das Kreuz Jesu vor ihn gestellt. Das Herz Gottes tut sich ihm auf. Er erfährt die Vergebung der Sünden. Luther sagt: »Es muss eine starke remissio peccatorum (Vergebung der Sünden) bei ihm gewesen sein.« Die Bibel sagt (Röm. 5,20):

»Wo die Sünde mächtig geworden ist, da ist doch die Gnade viel mächtiger geworden.«

Das ist die wunderbare Botschaft der Bibel: Sünder dürfen umkehren! Jesaja 1,18:

»Wenn eure Sünde gleich blutrot ist, soll sie doch schneeweiß werden; und wenn sie gleich ist wie Scharlach, soll sie doch wie Wolle werden.«

17. Gottes Niederlage

Richter 16,23-25: Da aber der Philister Fürsten sich versammelten, ihrem Gott Dagon ein großes Opfer zu tun und sich zu freuen, sprachen sie: Unser Gott hat uns unsern Feind Simson in unsre Hände gegeben. Desgleichen, als ihn das Volk sah, lobten sie ihren Gott; denn sie sprachen: Unser Gott hat uns unsern Feind in unsre Hände gegeben, der unser Land verderbte und unser viele erschlug. Da nun ihr Herz guter Dinge war, sprachen sie: Lasst Simson holen, dass er vor uns spiele. Da holten sie Simson aus dem Gefängnis, und er spielte vor ihnen, und sie stellten ihn zwischen die Säulen.

Es fällt auf, wie oft in unserem Abschnitt die beiden Wörtlein »*unser Gott*« vorkommen. Die Philister loben »ihren« Gott. »*Unser Gott hat unsern Feind Simson in unsre Hände gegeben.*«

Es ist ganz deutlich: Dieses große Götzenfest im Tempel Dagons hat eine Spitze gegen den Gott Israels, gegen den lebendigen Gott, gegen den Vater Jesu Christi. Bei diesem Fest sieht es aus, als habe der lebendige Gott eine Niederlage erlitten. So verstehen es auch die Philister.

Es hat je und dann so ausgesehen, als sei der lebendige Gott besiegt. Als der Tempel in Jerusalem in Flammen aufging und Israel in die babylonische Gefangenschaft zog, haben die

Babylonier bestimmt ihre Götter gerühmt, die den Gott Israel besiegten. Als der Kaiser Nero die Christen als lebendige Fackeln verbrannte, mögen die Heiden überzeugt gewesen sein, dass der Gott der Christen besiegt sei. Ja, am allermeisten sah es nach einer Niederlage für Gott aus, als der Herr Jesus am Kreuz hing, als die Menge Ihn verspottete und die Jünger Ihn verließen.

Mögen die Heiden rühmen, sie hätten über den lebendigen Gott triumphiert. Es bleibt doch bei dem Wort aus Psalm 2,4:

> »Aber der im Himmel wohnt, lachet ihrer, und der Herr spottet ihrer.«

Der Glaube weiß, dass das alles nur scheinbare Niederlagen Gottes sind. Sie sind wie eine Verpackung, in die Gottes Siege eingewickelt sind.

18. Simson und sein Gott

Richter 16,26-28: Simson aber sprach zu dem Knaben, der ihn bei der Hand leitete: Lass mich, dass ich die Säulen taste, auf welchen das Haus steht, dass ich mich dranlehne. Das Haus aber war voll Männer und Weiber. Es waren auch der Philister

*Fürsten alle da und auf dem Dach bei dreitausend,
Mann und Weib, die zusahen, wie Simson spielte.
Simson aber rief den Herrn an und sprach: Herr,
Herr, gedenke mein und stärke mich doch, Gott,
diesmal, dass ich für meine beiden Augen mich einmal räche an den Philistern!*

Was die Philister nicht wissen

Im Leben des Sirnson ist eine Wende eingetreten. Er hat die Macht der Buße erfahren und die Herrlichkeit der Vergebung.
Das wissen allerdings die Philister nicht, als sie Simson hervorholen aus seinem Kerker, dass der Herr ihn wieder angenommen hat und dass er ein Mann ist, der wieder beten kann. Darum täuschen sie sich gewaltig über den Simson. Die Welt hat keine Ahnung von den Geheimnissen und der Kraft eines Lebens mit Gott.

Simsons Gebet

Wir müssen zunächst darauf achten, dass dieses Gebet ein Schreien ist. Zweimal ruft er: »*Herr, Herr!*« Wie matt sind oft unsre Gebete. Sie sind, wie wenn ein undichter Wasserhahn tröpfelt. Das Gebet des Simson aber ist wie das Brausen des Niagarafalles.
So schrie Israel zum Herrn, als sie in der Sklaverei in Ägypten waren (2.Mose 3,9).

So schrie David zu seinem Gott, als er in Angst war (Psalm 18,7).

So schrie Hesekiel, als er in einer Vision den Untergang Jerusalems sah (Hesekiel 9,8).

So schreit die Gemeinde der Vollendeten, wenn sie vor dem Thron des Lammes anbetet (Offenbarung 7,10).

Dies Schreien Simsons, des einen Mannes, war mächtiger als das große Geschrei der Götzendiener, die ihren Dagon priesen.

Dieses Gebet des Simson mitten in dem heidnischen Lärm ist ein Zeugnis für den dreieinigen Gott. Alle Stimmen gelten Dagon, aber eine einzige Stimme ist da für Gott. Wir sollten hier von Simson lernen. Selbst wenn alle Welt den Götzen dieser Welt die Ehre gibt, sollte unser Leben eine Stimme für Gott sein.

»*Gedenke mein*«, betet Simson. Kann denn Gott vergessen? O ja, Er kann vergessen – nämlich die Sünden, die durch Jesu Blut vergeben sind. Kolosser 2,14 heißt es:

> »Er hat ausgetilgt die Handschrift, so wider uns war ... und hat sie an das Kreuz geheftet.«

Und Gott kann auch Menschen vergessen, die sich beharrlich gegen das Wirken Seines

Geistes gewehrt haben. Die Hölle wird einmal der Ort sein, wo Gott nicht mehr hinsieht, wo die sind, die Gott vergessen will.

Im Gefängnis hat Simson die grauenvolle Angst durchgemacht, der Herr könnte ihn so abgeschrieben haben. Aber dann erfuhr er die Seligkeit, die ein Psalmist im 115. Psalm so ausdrückt:

»Der Herr denkt an uns und segnet uns.«

»*Stärke mich noch diesmal*«, ruft Simson. Wie oft hat er seine Kraft für sein persönliches Eigentum gehalten, mit dem er nach Belieben umgehen zu können meinte! So war es bei der Delila, und so war es, als er sich rühmte nach dem Sieg über die Philister (Richter 15,16). Nun spricht er wie ein rechter Mann des Glaubens: »Der Herr ist meine Stärke.«

»*... dass ich mich für meine beiden Augen einmal räche an den Philistern.*« Die oberflächlichen Leute sind schnell bei der Hand mit dem Urteil: »Das ist typisch alttestamentlich und unchristlich.« Aber wir sollten doch bedenken, dass der Herr das Gebet des Simson erhört. Er hat es gnädig angenommen. Was sollen wir also zu diesem seltsamen Racheschrei sagen?

Gewiss müssen wir zugeben: In dem Leben

dieses Mannes ist viel Unreines und Fleischliches mit unterlaufen. Und so mag hier ein ungeistlicher Zorn vorliegen. Sind denn unsre Gebete immer frei von ungeistlichem Wesen? Aber ich glaube, wir dürfen doch noch anderes darin sehen. Simson weiß sich als Knecht des lebendigen Gottes, als Vertreter Gottes in der heidnischen Welt. Er weiß, wie der Herr mit Seinen Knechten sich solidarisch erklärt hat. Darum geht es ihm um die Ehre Gottes. Gott darf und kann nicht schweigen dazu, dass Sein Knecht geschändet ist. Gott muss Gerechtigkeit üben. Und diese Gerechtigkeit heißt: »Auge um Auge, Zahn um Zahn.« Gewiss sind wir hier mitten im Alten Testament. Aber dieser Racheschrei steht nicht unter unserm Urteil, weil er ein Schrei ist nach der Gerechtigkeit Gottes.

19. Der letzte Sieg

Richter 16,29.30: Und er fasste die zwei Mittelsäulen, auf welche das Haus gesetzt war und darauf es sich hielt, eine in seine rechte und die andere in seine linke Hand, und sprach: Meine Seele sterbe mit den Philistern! und neigte sich kräftig. Da fiel das Haus auf die Fürsten und auf alles Volk, das darin war, dass der Toten mehr waren, die in seinem Tod starben, denn die bei seinem Leben starben.

Selbstmörder oder Märtyrer?

Diese Frage drängt sich auf beim Anblick des Simson, der sich selbst unter den Trümmern des Dagontempels begräbt.

Die Antwort muss lauten: Nein, Simson ist kein Selbstmörder. Er ist ein Märtyrer. Ein Märtyrer ist ein Mensch, der das Zeugnis für seinen Heiland mit dem Tode besiegelt. In diese Reihe gehört der Simson. Sein Kampf gegen die Philister ist ja ein Bild des Kampfes, den die Kinder Gottes kämpfen gegen Teufel, Welt, Fleisch und Blut. Simson sagt etwas sehr Wichtiges: Nur durch Opfer des Lebens ist der Sieg zu erringen.

Nein, es ist kein Selbstmord. Wir hörten, dass Simson im Gefängnis umgekehrt ist und der Gnade seines Herrn wieder gewiss wurde. Dieser Tod und Sieg gehören in die aufsteigende Linie des Lebens Simsons. Für ihn gilt jetzt das Wort Hebräer 11,34:

»Etliche sind kräftig geworden durch den Glauben aus der Schwachheit.«

Und vor allem: Hier ist Simson ganz klar ein Vorbild auf Jesus, der durch Sterben siegt.

Sieg durch Sterben

»Meine Seele sterbe mit den Philistern!« ruft Simson. Und dann reißt er das Tempelgebäude zusammen. Das wurde der größte Sieg Simsons über die Philister. *»... dass der Toten mehr waren, die in seinem Tod starben, denn die bei seinem Leben starben.«* Ganz bewusst wirft Simson sein Leben hin, um diesen letzten Sieg über die Feinde Gottes zu gewinnen.

Wir sind hier an einer wichtigen Stelle: Die großen Siege im Reiche Gottes geschehen durch Sterben. Hier wird Simson wieder ein klarer Hinweis auf Jesus. Er, der Sein Volk errettet und erlöst hat, Er, der der Schlange den Kopf zertreten hat, konnte diesen Sieg nur durch Sterben erringen. Das Loblied in Offenbarung 5,12 heißt:

»Das Lamm, das erwürgt ist, ist würdig, zu nehmen Ehre und Preis und Lob.«

Und in Philipper 2,8f sagt Paulus, dass der Name Jesus über alle Namen erhöht ist, weil Er gehorsam war »bis zum Tode am Kreuz«. Ja, der Simson, der sterbend siegt, ist ein wundervolles Bild des Sohnes Gottes, der am Schluss Seines Leidens triumphierend ruft: »Es ist vollbracht!« - und dann stirbt.

Siege im Reiche Gottes geschehen durch Sterben. Das gilt für alle Jünger Jesu. Und zwar ist jetzt von einem geistlichen Sterben die Rede. Kolosser 3, 3 heißt es:

> »Ihr seid gestorben, und euer Leben ist verborgen mit Christo in Gott«

Kolosser 3,5 steht:

> »So tötet nun eure Glieder, die auf Erden sind.«

Galater 2,19 sagt Paulus:

> »Ich bin mit Christo gekreuzigt.«

Wie wichtig ist die Bitte:

> *»Liebe, zieh mich in dein Sterben.*
> *Lass mit dir gekreuzigt sein,*
> *Was dein Reich nicht kann ererben...«*

Die zwei Säulen

Die alten Ausleger haben sich viel Gedanken gemacht, was die beiden Säulen bedeuten könnten, die Simson umgerissen hat. Hans Sachs sagt: »Warf erst durch göttlich Kräfte umb / ihr Synagog und Priestertumb.« Er war also überzeugt, dass das gesetzliche Wesen (Synagoge), das die Gnade Gottes in Jesus nicht kennt, und das menschliche Priestertum die beiden Säulen sind, auf denen alles abgöttische Wesen beruht. Wir spüren hier die Atmosphäre der Reformationszeit. Ganz ähnlich hat Luther erklärt: »Die zwei Säulen daran sich Simson macht, sind die Messe und das Zölibat der Priester.« Ich glaube, dass wir, wenn wir schon die zwei Säulen erklären wollen, in den biblischen Linien denken sollten, wo die beiden Hauptfeinde des Menschen der Teufel und der Tod sind. Tod und Teufel hat Jesus besiegt, als Er rief: »Es ist vollbracht.«

Der Sieg Gottes

Das Entscheidende in diesem Abschnitt ist dies: Die Philister rühmen ihren Götzen. Sie sind überzeugt, dass er gesiegt hat. Und nun bricht vernichtend herein über sie das Gericht Gottes. Er hat das letzte Wort. Auch mit Seinem geblendeten Knecht siegt Er zum Schluss. Die Gemeinde Jesu kann noch so kümmerlich und armselig sein – durch sie will der Herr am Ende siegen. Und es wird immer heißen (Matth. 16,18):

»Die Pforten der Hölle sollen sie nicht überwältigen.«

20. Der Schrecken Gottes

Richter 16,31: Da kamen seine Brüder hernieder und seines Vaters ganzes Haus und hoben ihn auf und trugen ihn in seines Vaters Manoah Grab, zwischen Zora und Esthaol. Er richtete aber Israel zwanzig Jahre.

Die Brüder Simsons kommen in das Philisterland, das durch die Zerstörung des Dagontempels und durch den Tod der Tausende sicher mächtig aufgestört war. Es war ein kühner Marsch in dies aufgeregte Feindesland hinein. Aber unangefochten holen sie die Leiche Simsons aus den Trümmern und bringen sie zurück »in seines Vaters Manoah Grab«.

Im Altertum war es Sitte, dass die Leichen der Feinde geschändet und verspottet wurden. Man muss nur einmal in 1.Samuel 31,9 nachlesen, wie die Philister mit der Leiche Sauls umgingen.

Wie war das möglich, dass die Philister mit der Leiche ihres Feindes Simson nicht so umgingen? Wir dürfen annehmen, dass der Schrecken Gottes über die Philister gekommen war. Von diesem »Schrecken Gottes« ist in der Bibel die Rede.

2.Mose 14,24 fiel der Schrecken Gottes über die Ägypter und ihr Heer.

Der lebendige, gewaltige Gott offenbart sich barmherzig und gnädig im Kreuze Jesu. Aber wo man Ihn verachtet, da kann auch Sein Schrecken über die Gottlosen fallen. Das wird das Furchtbarste sein am Jüngsten Tage, furchtbarer als das Auftun der Bücher und die Hölle und alles andere, dass der Schrecken Gottes über die fällt, die den Gnadenruf zum Kreuz verachtet haben.

Der Schrecken Gottes fiel über die Philister, und sie wagten sich nicht zu rühren.

21. Was wollen wir nun hierzu sagen?

Simson – der Glaubensheld

Zunächst einige Worte von Friedrich Mayer (»Führungen Gottes im Alten Bund«, Verlag J. F. Steinkopf):

»Und der Heilige Geist setzt zum Siegel auf Simsons Leben noch einmal die Worte: ›Er richtete aber Israel zwanzig Jahre‹, nicht nur durch seine Kriegstaten, sondern durch seinen Heldenmut, seinen Glauben, seine ganze Hingabe an Gottes und Seines

Reiches Sache und nicht zuletzt durch seine Buße und seinen in der Versöhnung und Vereinigung mit Gott erfolgten Tod. Er ist ohne Zweifel, wie auch Hebräer 11,32 bestätigt, einer der großen Glaubenshelden der Schrift. Er ist ein Vorbild aller derer, die durch Fallen und Aufstehen doch noch Überwinder werden und Säulen im Tempel des Herrn. Er ist ein Sinnbild der großen Geduld Christi mit Seiner Gemeinde. Gott zeigt mit ihm, dass Er jeden Seiner Knechte besonders begabt, besonders führt, und dass sie sowohl in Sünde als in Gnade Originalwerke sind, die nur Seinem Maßstab unterliegen. Es gibt keine menschliche Elle, mit der alle zugleich gemessen werden könnten. Wohl denen, die mit Joseph bewahrt bleiben, sie ersparen sich viel Elend; wohl aber auch denen, die mit Simson endlich zu Ehren angenommen werden! Welche die größten Erfahrungen machen, weiß Gott; denn David war schließlich doch ein Mann nach dem Herzen Gottes. Ich will mich selig preisen, wenn ich einst mit Simson mein Teil bekomme im Reiche Gottes.«

Gerecht durch den Glauben

Wie oft ist Simson dargestellt worden als der

große Versager. Nun, gewiss ist er ein Versager in moralischer Hinsicht. Wer ist das nicht?! Wenn wir es nicht wären, könnten wir durch unsere Werke vor Gott gerecht werden. In den Augen Gottes ist Simson nicht der Versager, sondern ein Mann des Glaubens. Was heißt denn »Glauben« im Sinne des Neuen Testaments? Röm. 3,28:

»So halten wir nun dafür, dass der Mensch gerecht werde ohne des Gesetzes Werke, allein durch den Glauben.«

Simson hat gewiss vor dem Herrn nicht auf seine Werke gepocht, obwohl er Großes ausgerichtet hat, sondern er hat der Gnade seines Erwählers vertraut. Und darum wird er in dem großen Kapitel Hebräer 11, in dem die Glaubenszeugen aufgeführt werden, als einer der Glaubenshelden genannt (Hebräer 11,32). Der Römerbrief sagt (Röm. 4,5):

»Dem aber, der nicht mit Werken umgeht, glaubt aber an den, der die Gottlosen gerecht macht, dem wird sein Glaube gerechnet zur Gerechtigkeit.«

Gott schweigt nicht zur Sünde Seiner Kinder

Aber auch dies lehrt das Simsonbuch: Gott schweigt nicht zu den Sünden Seiner Leute. In welches Gericht ist der Simson gekommen! Gott richtet in jedem Fall die Sünde. Aber bei der ungläubigen Welt ist dies ein Gericht zum Verderben. Bei den Kindern Gottes ist es ein Gericht zum Reinigen und zum Läutern. Maleachi 3,3:

> »Er wird sitzen und schmelzen und das Silber reinigen.«

Der Schatten Jesu

Und zum Schluss: Trotz all seiner Niederlagen ist Simson ein Hinweis auf den kommenden Heiland, eine Abschattung Jesu – für uns ein Wegweiser zu dem Sohn Gottes, der wirklich »Israel erlöst aus allen seinen Sünden« (Ps. 130,8).